グアテマラの生豆

ニュー・クロップ(上)とオールド・クロップ(下)。オールド・クロップは、水分が抜けて、緑色が薄くなり、黄色がかってくる。

欠点豆

①発酵豆。豆が発酵して、腐敗しかけている。

②黒豆。発酵がさらにすすみ、完全に腐敗している。

③虫くい豆。害虫がつき、穴があいている。

④未熟豆。熟成されないまま収穫された豆。色が白っぽく、形も貧弱。

⑤砕け豆。中が空洞になっている。

⑥焙煎した欠点豆。欠点豆は、焙煎しても正常に煎り上がらない(右)。左は正常な豆。

グラインドの目安

左から、細挽き、中挽き、荒挽き。

手 網 焙 煎 の 経 過

①生豆。

②３分経過。緑色がやや薄くなる。豆が多少ゆるむ。

③６分経過。水分が抜けてきて、全体に白くなる。

④９分経過。全体に黄色くなる。色づくにつれ、豆は小さくなる。

⑤11分経過。全体に茶色を帯びる。水分がだいぶ抜け、しわができる。

⑥12分30秒経過。１回目のはぜが始まる。はぜと同時に豆がふくらむ。

⑦14分経過。はぜが終了。さらに色づいてくる。

⑧15分30秒経過。全体的に茶色が濃くなってくる。

⑨16分30秒経過。２回目のはぜが始まる。色のつくスピードがはやまってくる。

⑩17分経過。茶色が濃くなり、黒みを帯びてくる。

⑪18分経過。はぜの音が激しくなる。全体に黒っぽくなる。

⑫20分経過。かなり黒色が濃くなる。これ以上の焙煎は必要ない。

ネル・ドリップの抽出

①定量の粉を入れ、中央に、スプーンでかきよせるようにしてくぼみをつくる。

②くぼみの中心に、できるだけポットの先を近づけて、細く、静かに湯を注ぐ。

③中心から「の」の字をかきながら、うずまき状に外側へむかう。

④くぼみのふちへ達したら、やはりうずまき状に中心にもどる。くぼみの外へは湯を注がない。

⑤粉は、少しずつ湯をすって、もりあがってくる。粉の表面には、まだ湯が残って光っている。

1回目の注湯の側面

①中心に、細く静かに注湯。

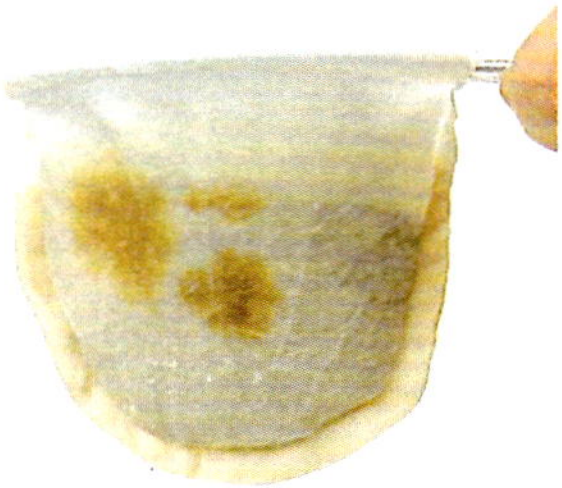

②湯は、少しずつ粉に浸み込んでいく。

③湯がさらに浸み込んでいく。液はまだ落ちない。

⑤ここで、初めて液が1、2滴落ちる。

④全体に湯が浸み込んでいく。液がまさに落ちようとしている。

2回目の注湯

①2回目の注湯直前。表面に湯がなくなり、「ひび割れ」がある状態。

②2回目の注湯。粉のふくらみの中央にポットを近づけ、静かに細く注湯。

③湯を注いだところから、細かな薄茶色の泡がたくさんでてくる。

④この泡のでてくるふちをまわりながら、つまり、泡のでるところをねらって静かに注湯。

⑤泡のもりあがりをくずさないように注湯。ネルのふち付近には湯を注がない。

⑥うずまき状に中心にもどって終了。細かな泡が表面をおおう。

3回目の注湯

①湯が落ちて、中央部にくぼみができると、3回目の注湯。

②2回目までと同様に、中心から「の」の字をかいて、うずまき状に注湯。

③やはり、細かい泡がでる。初めは、湯を細く注ぐが、少しずつ、太く、はやく注いでいく。

④細かな泡が表面をおおってくる。やはり、ネルのふち付近には湯を注がない。

⑤うずまき状に中心にもどって終了。

⑥中央部から、くぼみができてくる。ある程度湯が落ちるまで次の注湯をまつ。

C O F F E E

4回目の注湯

①中央にくぼみができたら4回目の注湯。表面に泡を残し、ネルの中に湯が多少残っている状態。

②今までと同様に、中心からスタート。

③細かな泡がでる。泡の色は、2回目、3回目にくらべると薄くなってくる。

④ネルのふち付近には湯を注がず、中心にもどって注湯完了。

⑤中心からくぼみ始める。

⑥中心にくぼみができたら、ビーカーからネルをはずす。表面には泡が残り、ネルの中には湯がまだ残っている。

珈琲、味をみがく

星田宏司／伊藤　博
鎌田幸雄／柄沢和雄

いなほ書房

本書の刊行に当り、下記各社のご協賛を
いただきました。

株式会社 フレッシュロースター珈琲問屋
株式会社　富 士 珈 機
株式会社　大和屋珈琲

復刻版の発行に際して

本書は、平成一年七月一五日に、雄鶏社から「日曜日の遊び方」シリーズ最初の巻の一冊として発行され、版も重ね、広く読まれましたが、その後、雄鶏社が閉社され、そのままになっておりました。

この本の企画・編集について依頼を受けた私は、伊藤博氏・柄沢和雄氏・鎌田幸雄氏の名前を挙げ、全面的な賛同をいただき、雄鶏社の編集部の尽力のもと、出版されたものです。

そしてこの本の出版の影響もあり、私は、三氏およびその友人のご協力のもと、季刊雑誌「珈琲と文化」を創刊し、今日までに一一五号まで発行することができました。

その中で、伊藤氏、柄沢氏が逝去され、その都度、追悼文を書いたのですが、最近になり、本書を改めて読み返してみましたが、今でも、コーヒーを知りたい人に読んでもらうのには、最適な内容になっていることを再認識いたしました。

そこで、蘭館の鎌田様にお会いして私の気持ちをお話し、そのあと、伊藤様と柄沢様のご遺族に連絡した上、復刻した次第です。

この本を手にし、著者の皆さまがコーヒーに対して注ぎ続けた深い愛情を感じ、またおいしいコーヒーを味わうための良い参考書として役立てていただければ、幸いです。

二〇一九年八月吉日

星田　宏司

はじめに

昭和三三年頃である。高校の授業の時間中、世界史担当の先生が、「きのう、音楽会の帰りに寄った喫茶店のコーヒーはおいしかった。クリームをスーと浮かせ、コーヒーとクリームを舌の上にそっとのせるようにして飲むんだが、その香りとのどを通る味わいは、なんともいえない……」と、顔をほころばせて雑談してくれた。

この時、私は初めて、コーヒーというものはおいしいものなんだな、クリームを浮かべて飲むのか、などと思ったのである。高校生で、喫茶店に入る者は、ほとんどいない時代であった。まして、家庭でコーヒーをたてることなど、一般の家庭では、ごく少数であった。

その当時からくらべると、今、コーヒーはずっと私たちの身近なものになり、日常的な飲み物として定着している。最近の資料によれば、インスタントコーヒーも含め、一年間に一人あたり二二五杯飲む計算になり、これは、世界一八位にあたる。一二〇〇杯以上飲む世界一のコーヒー飲み、フィンランド人にははるかにおよばないものの、これからも、ますますコーヒーの需要はふえ、特に家庭で飲む人がふえる傾向が強いのである。

それにともない、おいしいコーヒーを飲むためには、どのようにすればよいのか、ブラジルとかモカとか、豆の特徴と違いは？　抽出法も、ドリップとかサイフォンなどがあるが、どのような違いがあるのか、豆の買い方とか保存法は、さらには、焙煎もグラインドも自分でしてみたいが、どうしたらよいかなど、いろいろなことを知りたいという人も、大勢でてきたのである。

本書は、そうした人の参考になるように、味わう時ももちろんであるが、どういう点に注意したらおいしいコーヒーをたてることができるのか、生豆・焙煎・ブレンド・グラインド・抽出・代表的なコーヒーメニューに主眼をおいて、必要な知識とともに、実際の技術についても、具体的にほりさげて、それぞれの専門家が分担し、説明したものである。

コーヒーについて、より一層の知識を身につけ、さらには、たてて味わう際の手引書として、役立たせていただければ幸いである。

星田宏司

目次

●第二章 最高の一杯をたてる

●第三章 コーヒーメニュー　柄沢和雄

●デザイン　キャップ
●写真　岡田　豊
●イラスト　伊藤敏明

第一章

コーヒーの味について

世界コーヒー味覚文化史

●コーヒー飲用の始め

コーヒーが、いつから飲まれだしたのかということは、よくわかっていない。

今、古い文献にある見聞録などからいえることは、長い歴史の間、人知れずエチオピアのアビシニア高原に自生していたコーヒーの樹が、西暦九〇〇年頃になって、ようやく人人の注目をあびるようになった、ということである。

初めは、果実をそのまま食べたり、果実や果汁を発酵させてお酒にしたり、煮出して薬用にしたようで、そうした利用法は、すでにアラビアにも伝わっていた。

コーヒーについて触れた最も古い記録は、アラビアの名医ラーゼスのものである。彼は九〇〇年頃、アラビアで民間薬的に煎じられていた、アビシニア産の木の実の液に興味を持ち、「陽気なさっぱりしたもので、胃に非常によい」と書き残した。当時、人々はコーヒーの果実をバン、煎じ出されて飲まれる液をバンカムと呼び、水に浸した生豆と殻を煮出して、一種の「霊薬」として用いていた。

そのあと一〇〇年たって、やはりアラビア医学の権威であり哲学者でもあったアビセナは、「その逸品は、レモン色をしていて、見た目にも明るく、よい香りがして、すこぶる好ましいが、白く濁ったものはよくない。……材料（豆）は外皮をきれいに取り去り、湿気のなくなるまで乾燥した精選品を使えば、すばらしい匂いをまちがいなく持ったものとなる」と、薬用ではあるが、香りのよいものという飲用としての芽生えも、記していた。

しかし、その後数世紀、戦乱にあけくれる

間、コーヒーは忘れられたかのように、記録に残されていない。

そしてついに、コーヒーが飲用として初めて迎えられたのは、回教の僧侶たちによってであった。

夜通しお祈りする時の眠気を覚ます貴重な飲み物として、時にはコーランに禁止されている酒に代わる飲み物として、ひそかに飲まれだしたのである。

彼らは、それを「カーファ」と呼んだが、それはもともとは一種の酒の名前であった。飲酒を許されない回教僧が、心身ともに気持ちのよい影響を与えるコーヒーを、酒に代わるものとして名付けたようである。

長い歳月、コーヒーは、アラビアを中心に、イラク、エジプト、トルコにあった回教の寺院の中だけで秘蔵されて、僧侶だけに飲まれ、外部にもらすことは厳しく禁じられていた。そこでは、コーヒーはむやみに飲まれたのではなく、夜のお祈りに入る前に飲むのがおもで、儀式化されてもいた。

コーヒーの豆を煎るようになった年代も定かではないが、それは何かのキッカケで、焼けたか焦げたかした木の実を砕いてみたら、あたり一面に香気がただよい、さらにそれを煮出してみたら、何とも印象的な黒い色になり、甘味もでて、飲んだあとのスッキリした目覚めの効果が、一層増すのを知ったからであろう。

豆をすりつぶすために用いたエジプトの「すりばち」と「すりこぎ」(上)。イラクの初期のロースターと攪拌棒(下)。

生豆から煮出した時の青臭い飲み物は、豆を煎ることによって、より飲みやすい、魅力的なものになったのである。

おそらく、寺院の中で飲用された当初は、まだ、生豆をその殻と一緒に煮出す、一名サルタナ・コーヒーと呼ばれるものであり、途中からは、豆を煎ったものを煮出す、いわゆるトルコ・コーヒーとなったのではないだろうか。

●トルコ・コーヒーの確立

一四五四年、アデンの回教寺院で、一般の回教徒にも飲用が許されると、またたく間にコーヒーは広まり、イスラム教圏の信者たちに飲まれだし、庶民にも愛される飲料としての第一歩を踏み出したのである。

回教寺院の近辺には、必ず路上でコーヒーを売る店（露店）がたち、教徒はコーヒーを飲んでから、寺院でお祈りする習慣があった。

露店の数は、カイロで、一説によると一〇〇〇軒にものぼったという。

一四五〇年代といわれる、高僧ゲマルディンの物語は、この頃の話である。

「アラビアのイエメンに生まれた高僧ゲマルディンが、国境のアフリカ沿岸を旅し、コーヒーが広く飲まれていることを知った。ところが、アデンに帰る途中で病気になり、薬になるからと持ち帰ろうとしたコーヒーを飲んでみたところ、それによって驚くほど体が回復し、元気を取り戻した。

コーヒーの効能を知った彼は、アデンに帰ってから、夜通しお祈りする回教の修道士や信仰のために献身する人たちに勧めたので、コーヒーは急速にイエメンに広まり、夜働く者は、誰でもコーヒーを飲むようになった。

そして、回教徒の彼に対する感謝の念は、コーヒーを飲む時、アラーに祈ってから、彼ゲマルディンが楽園におるように乞うてからであるほど大きいものだった」というものである。

一般の人に飲まれる時、コーヒーはまた、薬効にも注目されだしたが、実際には、アラーとゲマルディンへの、一種の儀式的なお祈りをしてから飲まれた。ヨーロッパに伝わった時、トルコ・コーヒーと呼ばれたコーヒーのたて方と飲み方は、これ以降二〇〇年間、ほとんど改良も加えられず、どこの国でも、同じ味のものが飲まれていたのである。

その理由としては、まず、原料であるコーヒーの豆が、飲用に最も適したコヒア・アラビカ種であったことがあげられる。この豆は、当時、エチオピアと、そこから移植されたアラビアのイエメンで栽培されていただけであったが、現在、アラビアン・モカといわれ、優良な豆として有名であり、「貴婦人のような上品な味、優雅な香りが独特の風味を形成し、こくもあり、まろやかな味と柔らかな酸味は、高級配合用にも定評がある」と一般に書かれるものであったから、長い間、同じたて方のままでも充分おいしかったのである。

けれども、それよりも大きな理由は、イスラム教圏内で飲まれる時には、味覚的に改良することよりも、儀式的な飲み方のほうが、より重要なことであったから、そのたて方と飲み方は、基本的に変えられることがなく、現在も引き継がれているのである。

ともあれ、飲用が許されたカーフアは、メッカからエジプトのカイロに伝わり、シリアのダマスカスに一五三〇年、アレッポに一五三二年、そしてトルコに伝わった。一五五四年には、コンスタンチノープル（現在のイスタンブール）に、世界最初の露店でない、本格的なコーヒー店もたてられた。

トルコでは、カーフアはカーフェと呼ばれるようになり、やがてヨーロッパに伝播される中で、現在のカフェやコーヒーという語のもととなったのであるが、イブリック（別名ジャズベ）と称する小さな鍋で、三〇分ほども時間をかけて水から煮出し、豆のかすもともに陶器の小碗に移し、ゆっくりと飲む独特の風習をあみだした。

ある時から、竜涎香《りゅうぜんこう》や丁字《ちょうじ》、肉桂《にっけい》などの香料を加えて飲むものもいた。砂糖はあったが、この頃は用いられていない。「カイロのコーヒー店で砂糖を加えているものもある」という一六四〇年の見聞録が、砂糖がコーヒーに用いられた初めての記録であるが、一般に使われるのは、コーヒーがヨーロッパに伝わった、ずっと後のことである。

メッカやカイロでは、コーヒーにうつつを抜かすのは信仰を冒瀆するものだとか、健康によくない、さらにコーヒー店に人々が集まるのは危険だということから、弾圧もおこったが、コーヒーを愛する人々の前に、撤回せざるを得なかった。

一五八七年に、イスラム教の教父、アブダルカディによってまとめられた『コーヒー写本』は、ラーゼスやアビセナ以来、アラビアに伝わるコーヒーの来歴や伝説、効用、そしてメッカのコーヒー騒動の顛末にも触れ、コーヒーの弾圧されるべきいわれのない根拠を示したもので、現存する世界最古のコーヒー書として、現在、パリの国立図書館に収蔵されている。

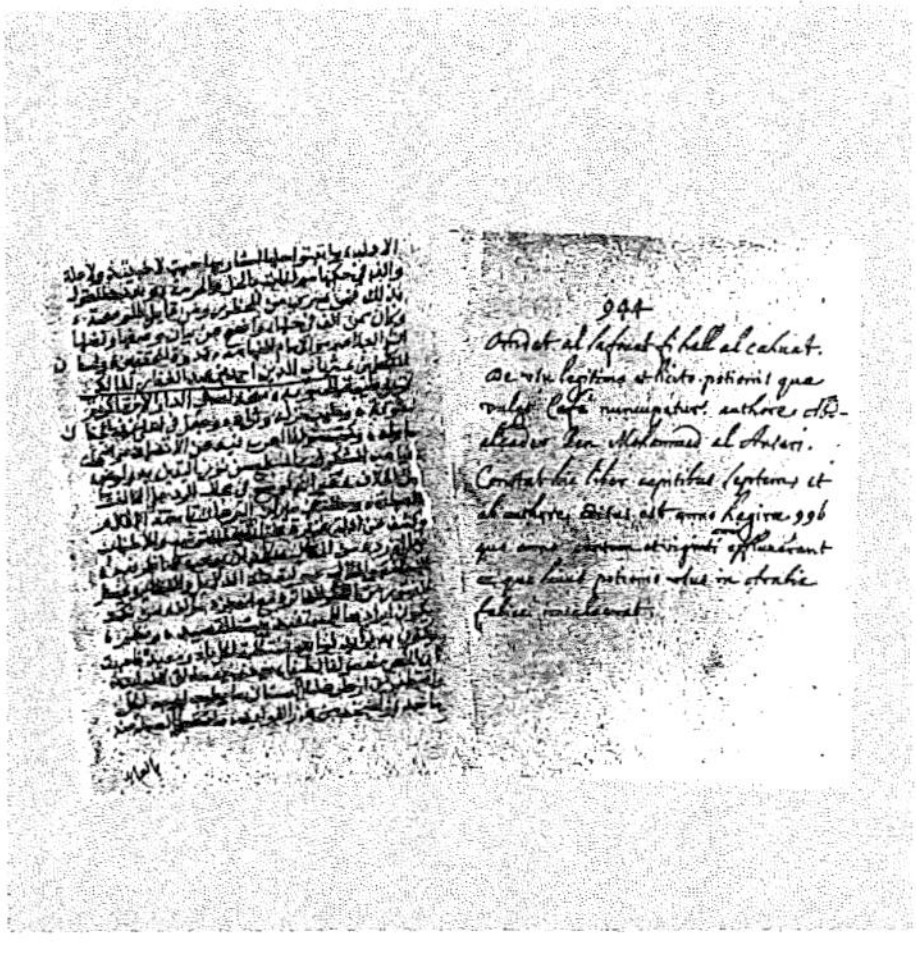
アブダルカディの『コーヒー写本』。

●西洋への伝播と進化

コーヒーの樹は、アラビア以外に持ち出すことを厳格に禁じられていたにもかかわらず、一六〇〇年頃、教団の監視の目を盗んで、インドから来たババ・ブタンという聖地巡礼者によって持ち出され、インドのマイソール付近に植えられたことから、オランダの目をつけるところとなった。一六九九年にはジャワ一帯で栽培され、それがオランダのアムステルダムの植物園、そしてパリの植物園に伝わり、やがてブルボン島や西印度諸島に伝えられ、中南米、ブラジルと広まっていった。その間に、コーヒーの樹伝播にまつわる数々のロマンスやエピソードも生まれたのであるが、ヨーロッパに、最初にコーヒーのことを伝えたのは、東方のトルコやアラビア、エチオピアなどに旅行したヨーロッパ人たちが著した、見聞録であった。

最初に西洋に伝えたのは、一五七三年からシリアのアレッポに滞在していた、ラウォルフというドイツの医者で、彼は初めて見るコーヒーに興味を示し、飲んで楽しむようになり、さらに来歴についても調べ、帰国後の一五八二年に著した『シリア旅行記』の中で、「カーフェ」について書いている。

一五九二年には、エジプトに行っていたイタリア人アルピニが『エジプトの植物』で紹介し、一五九八年には、オランダ人パルダヌスが『リンシュッテンの旅』の中で、「エジプトで、ボンとかバンとかいっている実のなる樹を、カイロにおいても見ることができる。アラビア人やエジプト人は、その実で一種の飲料をつくり、われわれのブドウの酒のように、街中の飲ませる店で売っている。……オリエントにおいては、その飲み物は、あたかもヨーロッパ人が薬を用いるように用い、その効き目を信じている」と記した。

そのほか、「トルコ人は、コッファと呼ぶ飲み物を持っていて、……われわれの酒場によく似たコッファハウスで飲んでいる。その飲み物は頭脳や心臓を強め、消化を助ける」(一六二七年、フランシス・ベーコン)というものなどを含め、多くのドイツ人やイギリス人が見聞録を記している。

こうした見聞録の時代を経て、やっとコーヒーの実物は、オランダ商人などによってヨーロッパにもたらされ、コーヒー店もたてられた。それを年代的に列挙すれば、一六四〇年オランダのアムステルダム、一六四五年イタリアのベネチア、一六五〇年イギリスのオックスフォード、一六五二年ロンドン、一六六九年フランスに入り、パリには一六七二年、一六七九年ドイツのハンブルグ、一六九四年ニューヨークという具合である。

ヨーロッパに伝えられたのは、アラビアのモカ港から積まれた豆であり、器具や飲み方

17世紀のドイツのコーヒー店。

も、トルコ式コーヒーであったが、それはすぐに受け入れられ、人々に愛飲された。その最も大きな理由は、コーヒーの味そのものよりも、イギリスでだされたパンフレットに、「以前、従僕や事務員などは、朝の飲み物としてビール、ワインを飲んだので、頭がボケて仕事にならない者が多かったのだが、最近は例のコーヒーという、頭のスカッとする弱い飲み物を飲み、よい仲間とつき合うようになったので、状態はすっかり改善された」とあるように、黒く、熱く、苦い、まったく類似のない異教的な飲み物への興味と、神経や循環器系によいという薬効もそなえていることが幸いして、取り入れられた。

　一六五二年に、ロンドンにコーヒー店を開いたのは、イギリスのトルコ貿易商人エドワーズに雇われていたギリシア人、パスクワ・ロッセであった。彼は開店と同時に、世界最初のコーヒー店の宣伝ビラを配ったが、その中で、彼は、コーヒーがいかに万病に効くかということを強調している。そして、コーヒーが万病に効くということは、その三〇年後にだされたドイツでの宣伝ビラでも、同様であった。

　けれども、ヨーロッパでコーヒーが普及したもう一つの理由は、コーヒー店に集まって人々と談笑し、情報を交換し合うことができることにもあった。ロンドンでは、わずか一三年後の一六六五年には、当時人口四〇万なのに、コーヒー店が三〇〇〇軒も林立していたというのである。

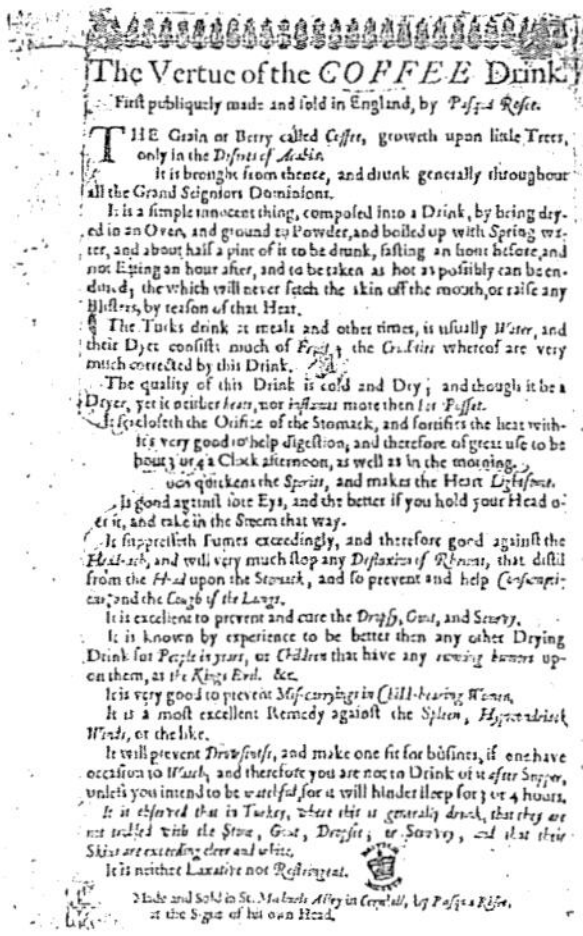

The Vertue of the COFFEE Drink.

First publiquely made and sold in England, by Pasqua Rosee.

THE Grain or Berry called Coffee, groweth upon little Trees, only in the Deserts of Arabia.

It is brought from thence, and drunk generally throughout all the Grand Seigniors Dominions.

It is a simple innocent thing, composed into a Drink, by being dryed in an Oven, and ground to Powder, and boiled up with Spring water, and about half a pint of it to be drunk, fasting an hour before, and not Eating an hour after, and to be taken as hot as possibly can be endured; the which will never fetch the skin off the mouth, or raise any Blisters, by reason of that Heat.

The Turks drink at meals and other times, is usually Water, and their Dyet consists much of Fruit; the Crudities whereof are very much corrected by this Drink.

The quality of this Drink is cold and Dry; and though it be a Dryer, yet it neither heats, nor inflames more then hot Posset.

It forcloseth the Orifice of the Stomack, and fortifies the heat within; it's very good to help digestion; and therefore of great use to be about 3 or 4 a Clock afternoon, as well as in the morning.

It much quickens the Spirits, and makes the Heart Lightsome.

It is good against sore Eys, and the better if you hold your Head over it, and take in the Steem that way.

It suppresseth Fumes exceedingly, and therefore good against the Head-ach, and will very much stop any Defluxion of Rheums, that distil from the Head upon the Stomack, and so prevent and help Consumptions; and the Cough of the Lungs.

It is excellent to prevent and cure the Dropsy, Gout, and Scurvy.

It is known by experience to be better then any other Drying Drink for People in years, or Children that have any running humors upon them, as the Kings Evil. &c.

It is very good to prevent Mis-carryings in Child-bearing Women.

It is a most excellent Remedy against the Spleen, Hypocondriack Winds, or the like.

It will prevent Drowsiness, and make one fit for busines, if one have occasion to Watch; and therefore you are not to Drink of it after Supper, unless you intend to be watchful, for it will hinder sleep for 3 or 4 hours.

It is observed that in Turkey, where this is generally drunk, that they are not trobled with the Stone, Gout, Dropsie, or Scurvey, and that their Skins are exceeding cleer and white.

It is neither Laxative nor Restringent.

Made and Sold in St. Michaels Alley in Cornhill, by Pasqua Rosee, at the Signe of his own Head.

パスクワ・ロッセのだしたビラ

17世紀ロンドンのコーヒー店。

コーヒー店に人が集まると、時の権力者が政治談議を恐れるのはどこでも同じで、イギリスでもやがて禁止令がだされた。ドイツにおいても、一八世紀に為政者が、政治談議を恐れ、「コーヒー禁止令」をだしたが、それを諷刺して、バッハは「コーヒー・カンタータ」をつくり、一七三二年ライプチヒで発表した。この内容は、一日に何杯もコーヒーを飲む娘に、父親がどうにかしてやめさせようとするが、娘は「ああ、なんとコーヒーの味のおいしいこと、千回のキッスよりもいとおしく、甘いワインよりもはるかにおいしい」とコーヒーを讃美したのである。

そのほか、現在までに、数多くの画家、作家、詩人、音楽家により、コーヒーを主題にした作品も書かれ、それにまつわる逸話も残されている。特に、ヴォルテールやバルザックの一日に飲んだ回数の多さとか、ベートーベンは必ず六〇粒の豆を使って一杯のコーヒーをたてた、という話などは有名である。

●ヨーロッパ・コーヒーの確立

やがて、トルコ・コーヒーをカップに移す際に、かすがともに入るのを防ぐにはどうしたらよいか、また、液体の濁りを取るにはどうしたらよいかなどの方法が、オランダ、イギリス、フランスなどで考えられ、それとともに、ポットやカップなどの器などの考案も、一八〇〇年頃までには、徐々にではあるがなされていた。

一七六〇年頃には、それまでのトルコ式の浸漬法とは違う、粉に熱湯を注いで濾過する透過法が試みられ、これがドリップ・コーヒーの基礎になったのである。

こうした改良が、それぞれの国でなされた末に、サイフォン、パーコレーター、エスプレッソ、ドリップなどの各種のたて方と、国民性や気候風土の違いによる、コーヒーの煎り具合が確立されていった。

イギリスは、西欧の中では浅煎り傾向であるが、それは紅茶が重用された影響で薄い味を好んだためであるし、アメリカはイギリスから独立したから、その影響のうえに、ヨーロッパからの移住民も多く、開拓のための移住の時に飲むには、大きな缶などを使って量の多いコーヒーを飲む習慣が重なり、一般的には、薄めのものを大きなカップで飲むようになった。

フランスでは、豆の煎り方が深く、その味も濃い苦味の勝ったものが多い。北欧諸国、その他のヨーロッパのコーヒーも、フランスの影響をうけて、だいたい濃く苦いものを飲む。イタリアでは、温暖な風土と陽気な国民性から、一段と深く煎った豆を挽き、瞬間に蒸気圧でたてるエスプレッソ・コーヒーが広まった。

現在では、コーヒーの味はより洗練され、世界中で飲まれるようになったのである。

最後に、現存している、最古のコーヒーに対する讃辞をあげておきたい。

「おお珈琲！　御身は気にかかることのすべてを消散させる。教えを学ぶ者にとって、御身は願望を叶えさせるものである。

泡立つ珈琲をその碗に満たす者、彼のみぞ真実を識る。

珈琲はわれらの黄金。何処であれそれを支給されることは、此の上なくも善き、また、寛き心の交わりを結ばせる……」（アブダルカディ写本のアラビア人の珈琲頌詩。井上誠訳）。

日本コーヒー味覚文化史

●コーヒーの伝来と鎖国政策

日本にコーヒーが伝えられたのは、長崎の出島にオランダ人が持ち込んで飲用したのが最初で、一七〇〇年前後の、江戸時代元禄期のことである。

しかし、その後一五〇年間、一八五四年に外国との開国がなされ、文明開化が訪れるまで、このコーヒーを飲んだ日本人は、出島への出入りを許された通詞、遊女、役人、商人に限られており、それも、日常的に飲んだと推察できるのは、出島のオランダ人の私生活に深く入り込み、ふだんの身の回りの世話をつとめた遊女だけであった。

文献に記された記事を見ても、初めはコーヒーという文字はなく、わずかにそれらしいと思われるものは、貞享元年（一六八四年）の『丸山艶文』中に「皐蘆《なんばんちゃ》」、享保九年（一七二四年）の『和蘭問答』中に「唐茶」とあるのが、コーヒーにあたるかもしれないという程度であり、コーヒーそのものに触れたのは、天明二年（一七八二年）、長崎の蘭学者、志筑忠雄の稿本『万国管窺』に「阿蘭陀の常に服するコッヒイと云ふものは形豆の如くなれど実は木の実なり」とあるのが最初である。

ヨーロッパの場合、コーヒーが入ってから二、三年、遅くても一〇年のうちにはコーヒー店ができている。それとくらべると、日本の場合は、このように大いに事情が異なっているのである。

なぜそうだったのかを考えると、大きな理由は、三つあげられる。

第一は、コーヒーの味や香りに、日本人の味覚や嗅覚がなじめなかったことである。江戸時代後期の狂歌師・戯作者として有名な大田南畝（号・蜀山人）は、文化元年（一八〇四年）長崎奉行所に勤務した時代の日誌の中で、「紅毛船にて『カウヒイ』といふものを勧む、豆を黒く炒りて粉にし、白糖を和したるものなり、焦げくさくして味ふるに堪えず」と書いている。

最初にオランダ人が持ち込んだコーヒーはトルコ・コーヒーであったが、すでにこの当時のものは、西洋式に改良された澄んだものとなっていたから、それほどまずいものだったとは考えにくい。しかし、以前オランダの宣教師が著書『日本誌』の中で、「とにかく日本人とヨーロッパ人の衣食の慣習がまったく反していることは、ほとんど信じられぬほどである。嗅覚については、われわれの佳香と感じるものも彼らは悪臭と思い、美味として珍重するものも、嘔吐を催して吐きすてることがある」と記しているので、当時の文化人、

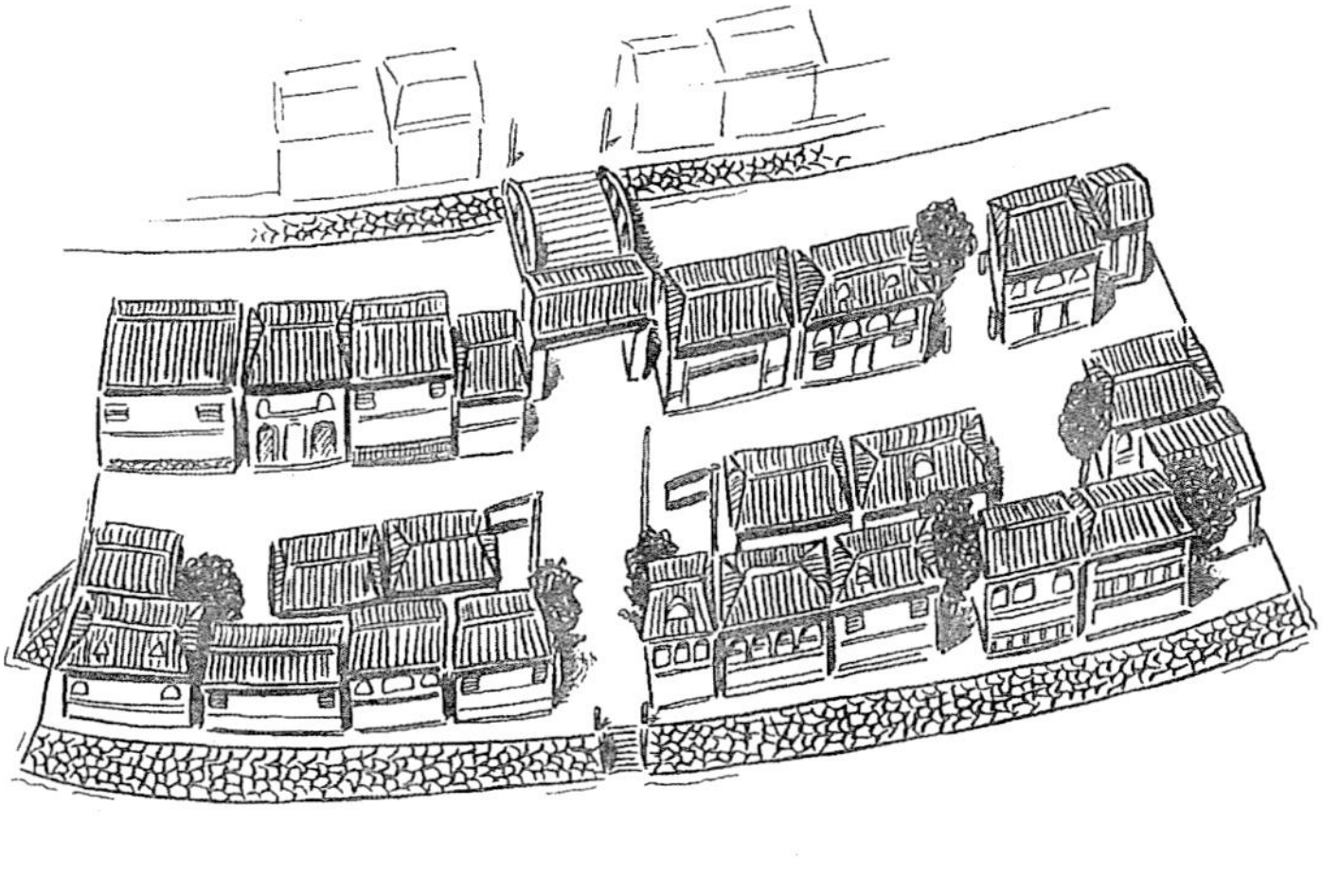

長崎の出島

蜀山人が異常に感じたこともうなずける。

ちなみに、蜀山人の記した文が、日本人としては最初の、コーヒーの味について記したものである。

簡単にいえば、肉食中心のアラビアやヨーロッパ人の飲料であるコーヒーは、米と魚、野菜中心の日本人には、味が合わなかったのである。

第二は、やはり鎖国政策の影響である。コーヒーが入る以前の一六世紀後半まで、ポルトガル人とスペイン人が通商で来ていた頃、彼らがもたらした南蛮渡来のタバコやビスケット、カステラなど、最初は日本人の口に合わなかったものも、その後、取り入れられ食べられている。それなのにコーヒーは飲まれなかった。それは、コーヒーそれ自体が日本に売り込もうとした品物でなかったこと以上に、オランダ人の居留地が長崎の出島に限定されたため、日本の人々と自由に接触できなかったから、常用的にコーヒーをふるまう機会も少なく、日本人で味を覚えた者も少なかったからではないかと思われるのである。

第三は、日本にはすでに、同じ嗜好飲料の緑茶があり、日常的に飲まれていたから、何もことさらにコーヒーを飲む必要がなかったからである。

一方、飲用にくらべて、コーヒーについての知識は、蘭学者の訳した本や記した本などを見ると、実にくわしく、また正確な知識を持っていたことがわかる。それは、八代将軍吉宗が、享保五年（一七二〇年）に、実用に役立つ学問を奨励し、産業の振興と生産の増強をはかるために、キリスト教関係以外の洋書の輸入を許可したからで、オランダ人を通じてもたらされた知識と技術、文献等は、日本に大きな影響を与えた。

コーヒーについて記した何冊かの書名をあげれば、天明三年（一七八三年）の『紅毛本草』（林蘭畹著）、天明八年（一七八八年）の『蘭説弁惑』（大槻玄沢著）、寛政九年（一七九七年）の『長崎聞見録』（広川獬著）などがある。そして、特に文化八年（一八一一年）の『厚生新編』（大槻玄沢他訳編）にくわしい。これは、フランスのノエル・ショメル原著の家庭百科辞典（一七四三年発行）のオランダ語訳から、さらに日本語に訳したものである。全七〇巻の大冊で、天文、地理、物理、化学、博物学、医学、薬学から農工芸に至るまでの計三七七項目が収録され、その中に「コーヒー」の項があり、コーヒーの概略、歴史、製法、飲用法を、一万語以上にわたり詳述している。それを読むと、すでに現在と変わらない知識があったことがわかる。

●文明開化とコーヒー

日本人がコーヒーを飲みだすのは、一八五四年に開国がなされ、外国人との交際が日常化し、西洋の食生活にもなじみだしてからであった。

長い間の鎖国政策も、開国を求める外国の求めにより解かれ、長崎、神戸、横浜、函館などに外国人居留地がつくられた。そして、居留者が多くなるにつれ、彼らのために、外国人商人（商社）を通じて、コーヒー豆がもたらされた。そして、彼らと接触する機会のふえた人々は、彼らの接待で洋食を共にする中で、コーヒーを飲むことに対する抵抗が少なくなっていった。

明治の初めには、外国人相手のホテルが築地や横浜にたてられ、そこでだされるコーヒーは、アメリカ式の大量だてのコーヒーいれ器（コーヒーアーン）でつくられるものであったが、そのコーヒーを日本人が飲む機会もふえた。

この頃のコーヒーの味についての記述に、渋沢栄一のものがある。一八六七年に、ナポ

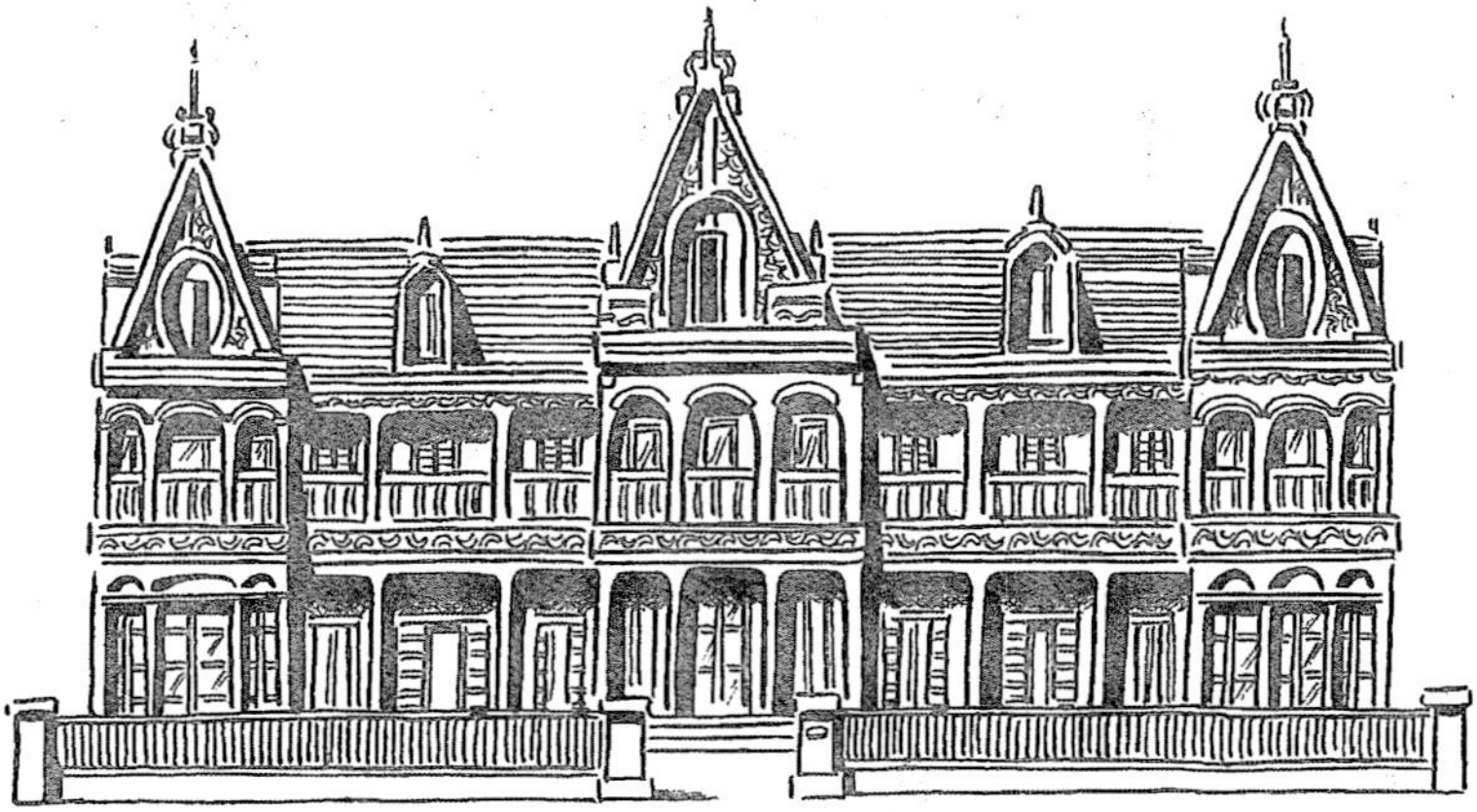

横浜の外国人居留地にたてられたグランドホテル

レオン三世が、パリで万国博覧会を開いた時、徳川一五代将軍慶喜も招待されたので、慶喜の弟昭武が兄の名代としてパリに行った。栄一も「御勘定格陸軍附調役」として随行し、その時の慶応三年正月一二日（一八六七年二月一五日）の「航海日記」に、「食後カッヘーという豆を煎じたる湯を出す。砂糖、牛乳を和して之を飲む。頗る胸中を爽にす」と記した。

ここにはすでに、「焦げくさくして味ふるに堪えず」という拒否反応ではなく、西欧人と交際しなければならない立場と必要から、コーヒーを飲むことを受け入れようとしている姿勢があり、そしてさらには、コーヒーを飲みなれるにつれ、飲んだあとサッパリすると感じる一部の人たちがでてきたことを示している。

こうした使節や視察、留学の目的で、欧米諸国にでかけ、その国の食生活の中で、コーヒー飲用の習慣を身につける人もふえたが、一般の人々に受け入れられるようになるのは、徐々にであった。それは、日本の食生活の中に、少しずつ外国の食生活が入ってきて、それにしたがって、コーヒーも飲んでみようかという気運がでてからのことで、そうなるには、明治時代の末まで時間がかかったのである。

それは、コーヒーの輸入量の推移を見てもあきらかである。輸入金額から推して、明治五年頃、輸入量は四〇～四五トンであったものが、明治二五年でも同程度であり、明治三〇年代、四〇年代で八〇トン前後で、二倍にはならなかった。輸入先としては、モカ、ジャバ、ハワイなどの名前が見られる。

そんなことから、明治時代の味に関する記述は、ほとんどない。むしろ一般の人が口にしたのは、明治三年（一八七〇年）に、牛馬会社が、牛肉や牛乳、バターの普及宣伝の目的でつくった『肉食の説』に、「牛乳（洋名ミルク）は牛の乳を絞り、そのままこれを飲む。或は口に慣れざる者は茶、コッヒー（茶の類《たぐひ》、舶来品）を煎じ、混和してふれば、味甚だ香し……」とある。牛乳にコーヒーを入れて飲むものだったかもしれない。この方法は日本独自のもので、この着想のおかげで、それまでまったく飲まれなかった牛乳も普及し、コーヒーの香りや味も、いつの間にか覚えるようになった。

物理学者で名随筆家の寺田寅彦は「珈琲哲学序説」の中で、「始めて飲んだ牛乳はやはり飲みにくい『おくすり』であったらしい。それを飲みやすくするために、医者はこれに少量のコーヒーを配剤することを忘れなかった。粉にしたコーヒーをさらし木綿の小袋に、ほんのひとつまみちょっぴり入れたのを熱い牛乳の中に浸して、漢方の風邪薬のように振り出し絞り出すのである。とにかくこの生まれて始めて味わったコーヒーの香味は、すっかり田舎育ちの少年の私を心酔させてしまった。すべてのエキゾティックなものに憧憬をもっていた子供心に、この南洋的西洋的な香気は、未知の極楽郷から遠洋を渡ってきた一脈の薫風のように感ぜられたもののようである」と、明治二〇年頃の思い出を書いている。

もう一つ、一般の人がコーヒーの味に接したものに、「珈琲糖」があった。明治文学および文化研究の木村毅は、「今でも忘れないのはコーヒー糖である。人さし指と親指との先を合わせて丸くしたぐらいの大きさの、まっ白い砂糖を丸く固めたもので、お湯に入れてかきまぜると、一杯のコーヒーとなる。ある時、湯に入れないで、じかにかじってみたら、中から茶色い粉が出てきた。その香りは、子供心にも日本のものでないと感じた」という。「新製珈琲糖」（明治一三年）、「コーヒー入り角砂糖」（明治二二年）、「珈琲糖」（明治三一年）という具合に新聞広告がなされ、コーヒーそのものよりも、むしろこうしたもので、まずコーヒーの味に接したのである。

そうした中、文明開化に拍車をかけたのが、明治一六年からの「鹿鳴館」を中心とする外交時代で、政府は外国高官を招き、舞踏会を連日のように催すなどして、欧化政策をとったのである。そのため、「オッペケペー節」で「まじめな顔してコーヒーを飲む、おかしいね」と皮肉られはしたが、その影響で、一般にも牛鍋店や洋食店が盛り場にたてられ、西洋風の食べ物を味わう人も多くなった。

日本で本格的なコーヒー店ができたのは、明治二一年（一八八八年）四月一三日のことで、東京上野西黒門町に、日本人の鄭永慶《ていえいけい》が開いた「可否茶館」であった。彼はアメリカのエール大学に留学し、コーヒー店にも入り、さらにその歴史をも研究したようである。帰国後、官吏、教育者を体験したあと、特にフランスの文学カフェ（文学者や画家たちが集まり、談話したコーヒーハウス）のような文化の推進役の場となるコーヒー店を考え開店したが、商売としては時期尚早で、明治二五年には、つぶれてしまった。彼は開店にあたり、四六判一六頁の「可否茶館広告」を著し、世界各国のコーヒー店の歴史と概略も紹介した。

●文士とコーヒー店文化

その後、ミルクホールや小さな店もできたりしたが、明治四三年（一九一〇年）になり、フランスに留学し、じかにカフェ文化を体験してきた文士、画家たちを中心に結成された「パンの会」の人たちが、日本にも集まる場所がほしいという気運から、日本橋小網町に「メイゾン鴻の巣」ができた。フランス料理と洋酒に、本格的なコーヒーがだされ、集まった人は「スバル」「三田文学」「新思潮」の同人とそれに関係のある、与謝野鉄幹、蒲原有明、小山内薫、永井荷風、石井柏亭、木下杢太郎、久保田万太郎、吉井勇、北原白秋、長田幹彦、岡本一平などであった。次いで、明治四四年、画家松山省三の「カフェ・プランタン」と、ブラジル移民の父・水野龍の「カフェー・パウリスタ」がつくられた。

日夏耿之介は、「珈琲舗が初めて出来、洋酒場がはじめて開かれたのはこの頃（明治四三年）である。メイゾン鴻の巣は文士の巣窟で、カフェ・プランタンには画家と文士とのみ集まり、カフェー・パウリスタの最初は、文士か文学好きの会社員が常連であった」と『明治大正詩史』に書いている。

これらの店のコーヒーを飲む中から、

「今しがた啜って置いたMOKKAのにほひがまだ何処やらに残りゐるゆゑうら悲し。……珈琲、珈琲、苦い珈琲」（木下杢太郎）、

「珈琲の香にむせびたる夕より夢見るひととなりにけらしな」「珈琲の濃きむらさきの一碗を啜りてわれら静こころなし」(吉井勇)というコーヒーの詩歌もつくられ、モカの味や香りを楽しみながら、交流を深めたのである。

「メイゾン鴻の巣」のコーヒーは、フランス式の深煎りの濃いものであり、「プランタン」のものは、横浜のイタリア人経営のコーヒー豆を売る店から、モカとジャバとブラジルを買ってきて、ミックスしてだしていた。

しかし、これらの店に来た人は、文化人の一部であり、一般の人が気軽に立ち寄れる店ではなかった。なんといっても、コーヒーの味を人々に普及させたのは「カフェー・パウリスタ」であった。プランタンのコーヒーが一五銭の時に、五銭という町の小僧さんたちも立ち寄れた安い値段で、ブラジルの豆を使い、濃度も香りもある本格的なものをだした

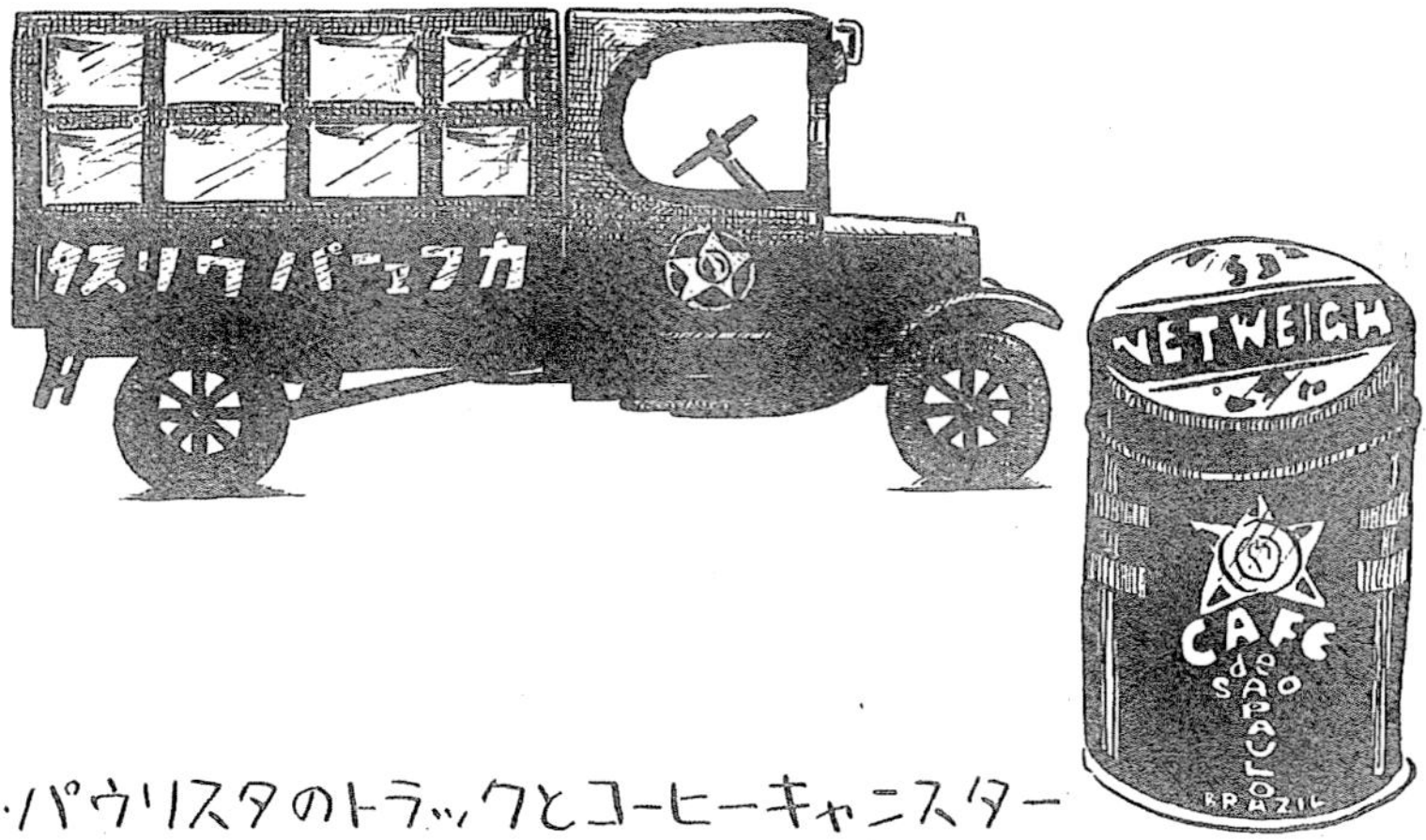

カフェー・パウリスタのトラックとコーヒーキャニスター

からである。ブラジルの豆は、クセのない飲みやすい中性的なものであるし、砂糖やミルクもふんだんに使えたことから、それは、よけいに人々の口になじんだし、評判を呼んだ。この店は、大正時代、最盛期には全国に二一の支店をつくった。

もっとも、パウリスタの初期、大正三年（一九一四年）にできた三宮の神戸支店に飲みに来たのはほとんどが外国人で、他に喫茶店は一軒もなかったというから、コーヒーを知らせる営業努力は、かなり大変だったようである。ただ、このパウリスタの全国の店に入って、初めてコーヒーの味を知り、とりこになった人は数知れず、またこの店から独立して、焙煎業や喫茶店の経営を続ける人たちを育てた功績は、まことに大きいものだった。

以上、日本にコーヒーが入ってから、明治末年に普及するまでの流れでわかることは、江戸時代には、コーヒーはまったく受け入れられず、開国と同時に、西洋人とつき合う人にやっと飲まれだしたこと、そして、それはヨーロッパ式のものとアメリカ式のものが同時に伝えられたこと、ヨーロッパやアメリカに留学し、カフェ文化を知って帰国した文化人がふえた明治の末に、やっと、文士や画家などの文化人が集う場所としてのコーヒー店がたてられ、それがやがて一般の人々にまで広まったということである。

その後、大正、昭和時代を通じ、戦争による一時的な中断はあったものの、年ごとにコーヒーを飲む人は多くなり、また喫茶店の数もふえていった。そうした中で、コーヒーにこだわる人々により、器具の改良や、たて方の方法についての研究が深められ、日本人が味覚に対して繊細なこと、また手先の器用さと勤勉なことなどから、今では、日本ほど味のよいコーヒーを飲ませる国はない、といわれるまでになったのである。

●星田宏司

コーヒーの味覚とは

●品質の差がコーヒーの味を決める

コーヒーは、一見コハク色の地味な、日常的な、そして平凡な飲み物である。誰がたてたコーヒーでも、外見的には、あまり変わりばえのしない同じような液体であろう。

料理の世界では、素材の持つ色や形、調理法から盛りつけに至るまで、創意や工夫をこらし、時にはそれを芸術の域にまで高めて演出することも可能であるが、コーヒーの場合は、せいぜいカップや飲み方に多少の変化を求めることはあっても、カップの中のコーヒーそのものについていえば、外部からながめるかぎり、どのコーヒーも似たようなものとしかうつらない。

しかし、一見何の変哲もないと思われがちなその液体も、ひとたび口に含んでみると、実に多種多様、非常に変化に富んだ味を持っている。コーヒーを一〇杯飲めば一〇種類の味がするし、一口に「味」といっても、それは美味から不味まで、大変複雑微妙である。

コーヒーの味を表現する言葉（味覚用語）も、厳密には百種をこえるであろう。

では、そのような味の違いは何によって生じるのか。味を決定づける要素は何だろうか。それは一言でいうならば、コーヒーの品質的格差によるものと考えられる。生産から消費に至る長い道程——栽培、精製、輸送、貯蔵、加工による材料の管理や扱い方——が、品質の差を生み、それが、味の明暗を分かつ主因になる。

その意味で、「おいしい」「まずい」という主観的な表現よりも、もっと客観的に、品質の「高い」「低い」（「良い」「悪い」）を判断規準におくほうが、より科学的で、正確にコーヒーをとらえることができ、それが、結局本当の意味での味の良否につながるのである。

●コーヒーの味の特徴

コーヒーは香味一体の飲み物である。

カップの中のよく澄みきった良質のコーヒー液は、何百種もの水溶性物質によって、あの美しい色調と深い味わいを醸し出す。コーヒーから立ちのぼる香りもまた同様に、何百種の香気成分の複合産物であるが、この「味」と「香り」とが混然一体となって、コーヒー本来の味覚が創造される。

「味」をベースとして、そこからすばらしい「香り」を発散するのだから、味のすぐれたコーヒーは香りもよく、香り高いコーヒーは、まさしくすばらしい味を温存している。つまり、香味が一つに融合して、コーヒーの真価を生み出す。

昔から、良質のコーヒーを表現するのに、「芳醇」という言葉がよく使われるが、「芳」とは香りであり、「醇」はこく、つまり深みのある味を意味する。これも、香と味の融合を示している。

また、よく耳にする「セピア」という語は、コーヒー（液体）の美しいコハク色、「アロマ」はその液体の放つ香気（気体）、そして両者を一つにして「フレーバー」（風味）と呼ぶのも、同じ観点である。

したがって、より高い香りを引き出すような手法、香りを最大限に楽しむような飲み方、香りを失わないような保存や扱い方など、すべておいしいコーヒーに直接かかわる条件である。

香りはコーヒーの生命であり、香りの良し悪しは、まさしくコーヒーの品質を裏づけるものである。

●コーヒーの苦味と酸味

コーヒーの味は、基本的には苦味が主体である。苦味は、おもに生豆中の糖分、デンプンの一部、繊維質などが、ローストの熱作用によって炭化またはカラメル化し、暗褐色の各種の成分、高分子化合物が生成されて生じる。さらにカフェイン、トリゴネリンなどのアルカロイド物質も関係するが、これらは焙煎温度が高まると逆に分解減少するので、苦味の構成物質としては、むしろ付随的な役割をになうものであろう。

カフェインは苦味物質というよりも、コーヒーの薬理的効果を特徴づける重要成分である。カフェインは、焙煎時の高い温度で析出されて減少するため、その含有量が深煎りの豆では少なく、浅煎りのほうがかえって多くなっている。その他カルシウム、マグネシウムなどの金属塩、各種ポリフェノール類などが融合し、まだ化学構造の解明されていない成分も含めて、コーヒー独特の苦味を構成する。苦味の良否は、それらの量と質との総和にかかっている。

コーヒーの苦味に、アクセントとなり味の広がりをもたらすのが酸味である。苦味だけではやや単調で物足りないコーヒーが、さわやかな酸味との調和によって、はるかに親しみやすいまろやかな味に変わることは、誰もが経験するところであろう。特に、ブレンドにおいて、酸・苦の調和をねらいとするのは、酸味が適度にコーヒーの味を引きしめる味覚成分だからである。

苦味や酸味がおもに後述する原種（アラビカ種・ロブスタ種）、精製（水洗式・乾燥式）、クロップ（ニュー・クロップ、パースト・クロップ、オールド・クロップ）、貯蔵法、焙煎法によって変化することから、その良否や調和《バランス》が、コーヒーの生い立ち、品質、加工のすべてを明確にものがたるとさえ断言できる。

酸味は多くの有機酸によって構成され、揮発性の蟻酸、酢酸はその構造が示すように味も単調な刺激味、一方、不揮発性のリンゴ酸、クエン酸などは、おだやかなまろみのあるすぐれた酸味である。他にシュウ酸、コハク酸、酒石酸、キナ酸など酸味成分の種類は少なくないが、各コーヒー豆に含まれる酸の種類には、あまり大きな違いは認められず、各種成分の量と比率が、豆の味覚的特徴を決定すると考えてよい。

●甘味を持つコーヒーは最高

苦味と甘味はその生成過程からも表裏一体の関連を持っているので、単品で苦味が強くですぎると甘味は消失し、全体として味の深みが感じられなくなり、ただ苦いだけのコーヒーになってしまう。

ところが、香りをつつむ柔和な苦味の中に、かすかな天然の甘味をとかしこんだコーヒーは最高である。すなわち、甘味は苦味の質と量の的確さをみきわめる味覚的バロメーターともいえる。よい苦味があってこそ甘味が生き、ほどよい苦味が甘味ととけあって、コーヒーをよりメローな味わいにする。そのようなコーヒーには、もはや砂糖やクリームは無用であろう。

天然の素直な味、豊かなこくがあってしかも繊細なまろみ、見事に調和した「味のシンフォニー」こそ、コーヒーの真髄である。

ブラウンゴールドに値する美しいコーヒーは、最高品質の豆に、最適の熱処理（焙煎）をほどこした「褐色の宝石」からのみ生まれるものである。

●生豆と味

三原種と味

コーヒーは、アカネ科コヒア属の植物で、この中に少なくとも四〇以上の「種」を持つが、実用的な栽培種は、アラビカ、ロブスタ、リベリカの三原種がもとになっている。

アラビカ種は、品質・生産量の両面から見て三種中随一。総じて豊かな香味を持つ。

ロブスタ種の品質はアラビカ種より劣り、苦味が強く酸味にとぼしい。香りもすぐれないので、単品としての飲用には適さず、アラビカの補充として少量ブレンドに使うか、一部、アイスコーヒー、インスタントコーヒー、缶コーヒーに使われる。

リベリカ種は、ほとんどヨーロッパに輸出され、わが国には入っていない。

	アラビカ種	ロブスタ種	リベリカ種
生産量	世界総生産量の70～80%	世界総生産量の20～30%	僅少
栽培適地	500～1000m	500m以下	200m以下
気温条件	高温、低温に不適	高温に強い	高温、低温に強い
雨量条件	多雨、少雨に不適	多雨、少雨に強い	多雨、少雨に強い
樹高	5～6m	5m	10m
生豆の形	楕円偏平形	丸みのある短楕円形	先端がとがり、菱形
味	香味良好	苦味が強く、酸味が不足	苦味が強い
主要生産国	ブラジル　コロンビア その他の中南米諸国 エチオピア　アンゴラ モザンビーク タンザニア ケニア　ハワイ フィリピン　インド インドネシアなど	熱帯アフリカ各国 ハワイ インド インドネシア トリニダード・トバゴなど	リベリア スリナム ガイアナ インド インドネシアなど

三原種の比較

精製法と味

収穫したコーヒーの果実の、外皮、果肉、内果皮、種皮を取り除き、コーヒー豆に仕上げる工程を「精製」という。

精製法には大別して乾燥式（非水洗式）と水洗式の二つがある。

乾燥式（非水洗式）　収穫した果実を乾燥場へ広げ、充分に天日乾燥する。脱穀機で、乾燥を終えた果実から、果肉、銀皮を除去し、コーヒー豆を得る。この方法は作業が比較的単純で、柔らかい酸味、円熟した風味になる。反面、乾燥期間中、天候の影響を受けやすく、欠点豆や異物の混入率が高くなり、概して外見もすぐれないので、厳しい選別が必要。

ブラジル産のコーヒーのほとんど、エチオピア、イエメンなど比較的小規模農園、多くのロブスタ種を対象にした方法である。

水洗式　収穫した果実を貯水槽《クリーナー》へ入れ、不純物や未熟豆を水に浮かせてのぞく。果肉除

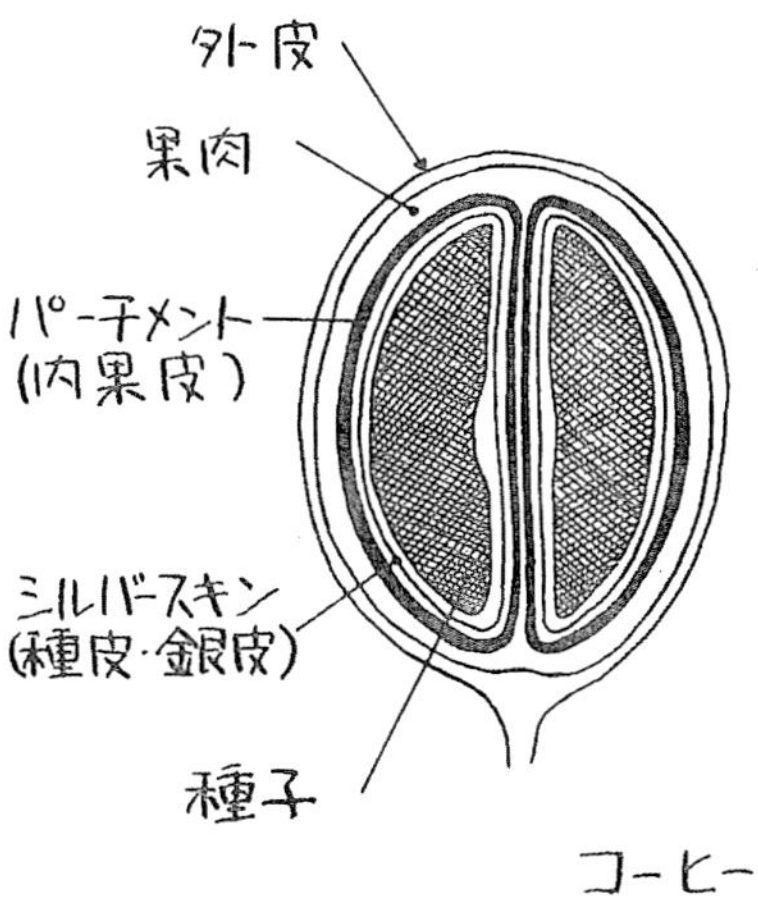

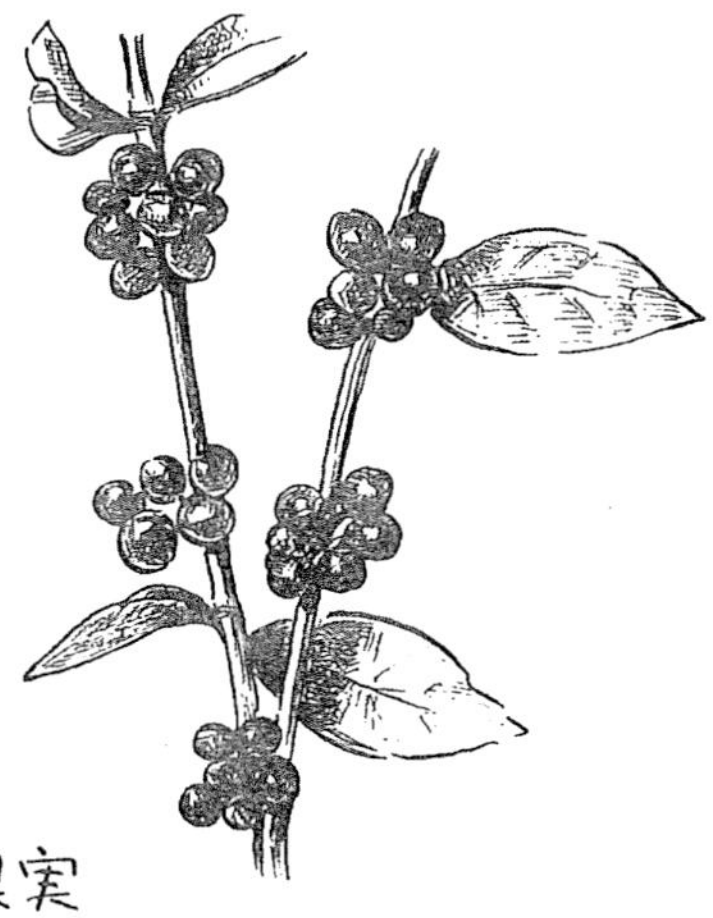

コーヒーの果実

去機で果肉を取り去り、さらに発酵槽に入れ、残留した果肉と粘着質をとかして除去する。この段階まで工程をすすめた後、水洗し、続いて乾燥を行うとパーチメント・コーヒーになる。

船積みに際し、脱穀してパーチメント、シルバー・スキンをのぞき、形と大きさで選別・格付けし、商品としての生豆（グリーン・コーヒー）に仕上げる。

水洗式の豆は、緑色が深く、研磨によるツヤがあって外見がすぐれる。欠点豆の混入が少なく均一なコーヒーとなるため、商品価値も価格も高く扱われることが多い。しかし、乾燥期間が短いと乾燥度が一定しないため、時に発酵臭や不快な酸味、渋味をだすことがある。そのような状態の豆は、味が不安定なため長期保存に適さない。

以上の両方式は、工程が適切であればともにすぐれた個性のコーヒーになるが、一長一短であり、精製法だけで品質の優劣をつけることはできない。いずれもコーヒーの品質を左右する重要な条件である。

原種名（アラビカ種・ロブスタ種）と精製法（水洗式・非水洗式）をまとめて、ニューヨーク取引所では、コロンビア・マイルド、アザー・マイルド、アンウォッシュト・アラビカ、ロブスタの産地別分類（取り引きタイプ）をもうけ、それに基づいて商品取り引きを行っている。

ネーミング（呼称分類）と品質

コーヒーの商品学的な名称は、普通、①国名、場合によっては産地名、②市場名・輸出港名、③必要に応じて原種名、④生産国独自の規準にしたがった等級・格付け、⑤輸出業者名、の順で表示される。

国名・産地名　これは、コーヒーの取り引き上、最も優先される呼称である。たとえば「コロンビア・メデリン」は、コロンビア共和国のメデリンという山岳地帯産、「エチオピア・ハラー」は、エチオピアのハラー地方産という意味で、筆頭に国名（または産地名を連記）を表示する。

注意すべき点は、産地名とコーヒーの味の分類とを短絡的に結びつけないことである。産地の数だけ味の種類があるわけではなく、同じ産地でまったく異なる味のコーヒーが存在し、異なる産地間で、かなりよく似たコーヒーを味わうことも少なくないからである。

輸出港名　輸出港名は、流通経路を示すもので重要視される。「ブラジル・サントス」といえば、サントス港から出荷されるコーヒー。どこで生産され、どこから積み出されるかは、コーヒーの「出身地」の証明になる。それに、同一銘柄、同一業者扱いの二条件がそろえば、取り引き上は同品質のコーヒーということになる。

原種名　慣例上、アラビカに限定されているような場合に限り、省略されることもあるが、アラビカ・ロブスタの両種を輸出している生産国では、「カメルーン・アラビカ」「ウガンダ・ロブスタ」など、国名の下に原種別を明示してまぎらわしさを避ける。普通は、輸出先との取り引き上、そのどちらであるかが明白なため、特にトラブルはおこらないが、アフリカ圏の多くの国々、エクアドル、インドネシアなどでは一応表示に注意し、同時に豆の形態を調べて確認するとよい。

等級・格付け　等級・格付けの方法は、生産国によって様々で、各国が独自の規準をもうけて行っているのが現状である。

最も多く使われている格付け規準を、それを用いている生産国を例にとって紹介しよう。

①ウォッシュトとアン・ウォッシュト

前述したように、ウォッシュトは水洗式、アン・ウォッシュトは非水洗式。たとえば、「バイア・ウォッシュト」（または「バイア・

ラバド」）は、ブラジルのバイア州産の水洗式、「ペルー・ナチュラル」は非水洗式によるペルー・コーヒー（非水洗式はアン・ウォッシュトの他、ドライ・メソド、ナチュラルなどとも呼ばれる）。

水洗式と乾燥式（非水洗式）については、同一生産国で両方式を行っていることもあるが、外見的にも区別できるので注意して調べてみたい。水洗式の生豆はシルバー・スキンが除去され、乾燥式ではまだこれが残っていることが多い。また、焙煎豆のセンター・カットを観察すると、水洗式はかなり深煎りでも白いシルバー・スキンを残しているが、乾燥式ではほとんど焼失してしまう。

②ピーベリーとフラット

「グアテマラ・ピーベリー」のように、コーヒー名のあとにピーベリーを付すと「丸豆」。また「サントス・フラット」は、ブラジル・サントスの「平豆」を意味する。フラットとはフラット・ビーンの略で、普通九〇パーセント以上がフラットなので、普通その名称は省略される。

ピーベリーは、枝の先端部に着生するもので、一〇パーセント程度の少ない産出量のため、その稀少価値から高く扱われることもあるが、商品価値としては、量の多い平豆のほうが安定している。

③標高による分類

コーヒーの栽培地の標高に基づいて、三、四、七、の各段階に分類する方法がある。

グアテマラでは七段階の標高差をつけて分類する。エルサルバドル、ホンジュラス、メキシコなどは三段階で分け、名称や分け方に多少差異はあっても、基本的には高地、中間地、低地で分類する。

一般的には、高地栽培の豆は低地産の豆より香りがすぐれ、よい酸味を持つために好評。淡緑の美しい肌合いを持ち、豆の質も硬めで、ずっしりした感触がある。焙煎しにくい性質を持っているが、焙煎技術が伴えば、力のある豊かなこくが生まれる。当然、低地産の豆よりも価格は高い。

	名称	標高(フィート)
1	ストリクトリー・ハード・ビーン(SHB)	4500以上
2	ハード・ビーン(HB)	4000〜4500
3	セミ・ハード・ビーン(SH)	3500〜4000
4	エクストラ・プライム・ウォッシュト(EPW)	3000〜3500
5	プライム・ウォッシュト(PW)	2500〜3000
6	エクストラ・グッド・ウォッシュト(EGW)	2000〜2500
7	グッド・ウォッシュト(GW)	2000以下

グアテマラの標高の7分類

④スクリーン(豆の大きさ)

コロンビア、ブラジル、タンザニアなど多くの国が豆の大きさによる分類法を採用している。

「コロンビア・スプレモ」はスクリーン一七〜一八の厳選高級輸出品、「コロンビア・エキセルソ」は一四〜一六の輸出用標準品。スクリーンの判定は、業者による多少の相異があり、豆の大きさがすぐに品質に結びつくものではないが、粒の大きさ、外見のよさ、均一性などは、取り引き上有利にみなされ、普通

	スクリーン・ナンバー	豆の大きさ
フラット(平豆)	20〜19	特大形
	18	大　形
	17	準大形
	16	普通形
	15	中　形
	14	小　形
	13〜12	特小形
ピーベリー(丸豆)	13〜12	大　形
	11	準大形
	10	普通形
	9	中　形
	8	小　形

スクリーン・ナンバーと豆の大きさ

は平均的な大きさの豆（スプレモ）のほうが加工や品質上適している。

ブラジルは世界最大のコーヒー生産国で、大量のコーヒーを処理し輸出するという特殊性から、最も細かい審査規準をもうけている。

ブラジルについていえば、フラットはスクリーン一五～一八、ピーベリーでは九～一一が標準形であり、生産率が高いので、価格や品質からみて無難であろう。

⑤混入物の個数による分類

ここではブラジルとエチオピアを例にとってその分類法を述べてみたい。

「ブラジル・サントス」には、No.2～No.8の等級がある。これは三〇〇グラムのサンプル中にふくまれる混入物を、種類と個数によって「欠点数」に換算したもので、たとえば、黒豆が一個混入すると欠点数1、発酵豆二個あれば欠点数1、虫くい豆は二～五個で1欠点とし、欠点数のトータルでタイプを決める。

4点以下ならば「品質タイプ2」であり、これは混入物（欠点豆）の最も少ない精選豆ということになる（実際問題としてNo.1ということはありえない）。また、豆以外の混入物（石、木、土など）もすべて欠点豆として欠点数におきかえて算定する。

混入物	混入数	欠点数
石、木、土(大)	1	5点
〃 (中)	1	2点
〃 (小)	1	1点
黒豆	1	1点
乾果(コッコ)	1	1点
パーチメント	2	1点
発酵豆	2	1点
外皮 (小)	2～3	1点
虫くい豆	2～5	1点
未熟豆	5	1点
砕け豆	5	1点

混入物の数と欠点数

品質タイプ	欠点数
No. 2	4点
2・3	8点
3	12点
3・4	19点
4	26点
4・5	36点
5	46点
5・6	66点
6	86点
6・7	123点
7	160点
7・8	260点
8	360点

品質タイプと欠点数

エチオピアの場合、換算規準がやや異なり、砕け豆一〇個で1欠点（ブラジルは五個1欠点）、小石一個が3欠点（ブラジルは一個1欠点）となっているが、基本的には大同小異とみなしてよい。

エチオピアコーヒーの等級は、グレード1から8に分類され、1〜5を輸出規格品扱いとし、UGQ（ユージュアル・グッド・クォリティ）と表示される。

欠点数を等級規準におく国はすこぶる多く、アフリカ系の大部分、中南米ではキューバ、ハイチ、ベネズエラ、ペルー、他にインド、パプアニューギニア、インドネシアの一部などが該当する。

⑥味（カップ）による格付け

代表的な味による分類を行っているのはブラジルで、コーヒーの味を六つに分類する。

上位三分類をまとめて「ソフト」というが、ソフトとは、自然の香味を持ち、柔らかい味の良質コーヒーをいう。それに対して「ハード」（またはポルトガル語の「ドゥーロ」）は、舌を刺すような渋味や異味を持つもの。

ブラジルの他、ケニア、ハイチ、ザイール、ジンバブエなどは、独自の味による格付け規準をもうけている。

等級	欠点数
グレード1	3以下
2	4〜12
3	13〜25
4	26〜45
5	46〜100
6	101〜153
7	154〜340
8	341以上

エチオピアコーヒーの等級と欠点数

1	ストリクトリー・ソフト	刺激的不快味のない完全なソフトタイプの優良コーヒー
2	ソフト	異味・異臭のない柔らかい味
3	ソフティッシュ	ソフトに近い味
4	ハード	刺激味や渋味のあるコーヒー
5	リオイ(リアード)	ヨードフォルムに近い匂いのコーヒー
6	リオ(リオ・フレーバー)	リオ臭と呼ばれる独特の匂い、ヨード臭のコーヒー

ブラジルコーヒーの味による格付け

生豆の検査法

色調・光沢（色沢） 新鮮な正常豆（特に水洗式）は、淡緑色の美しい光沢を持っていて、豆全体の色調も一定で均質に見える。年数が経過するにつれてツヤが失われ、緑色があせて黄色みを帯びるが、良質豆の場合は全体的な色調は均質で、まだらやしみを生じない。

コーヒー豆の色・ツヤは、新豆、古豆、豆の水分（含水率）、精製加工、保存状態の良否などと関係が深いので重要である。

匂い 色と匂いには、かなり似た要素がある。正常な生豆の独特の匂いが、貯蔵期間が長引くにつれて少しずつ弱まるが、本来の匂いは依然としてたもたれている。もし異臭が感じられるとすれば、生豆自体の品質、または保管に問題がある。

おもに生産管理の不備のために、腐敗臭、発酵臭、カビ臭が生じ、異物（泥、土、草、木、皮）との接触によってもそれぞれの匂いが移る。その他、輸送や保管中の油、香料、薬品、食品、農産物の匂いなども異臭の原因をつくる。異臭は、次第に正常豆にもおよぶが、外見的にはとらえにくいことが多いので、注意を要する。ケント紙上の生豆の形状を観察する際、同時に必ず匂いも調べ、異常があればすべて記録しておくようにしたい。

形・大きさ コーヒー豆の大きさは、もともと産地、品種、銘柄によって異なるが、同じ豆については、大小不揃いでないほうがよい。粒が均一にそろっている場合は、欠点豆の混入が少ないし、多少混入していても見つけやすい。

粒の均一性は、また、焙煎処理のうえでも、豆全体に均等に熱作用が働く効果にもつながる。

生産国では、大量のコーヒー豆を電子選別機で選別し、スクリーンによるサイジングも行っているが、再度調べてみると、多少の不均一があり、それらがクズ豆のことも少なくない。

なるべく平均的な粒の大きさで、全体が均一にそろっていることを目安に、スクリーンにかけるか、めんどうでもハンドピックを行うようにしたい。

含水率　含水率は、生豆がどれだけ水分を含んでいるかを表すが、精製法（水洗式、乾燥式）と収穫年度（クロップ。ニュー・クロップ、パースト・クロップ、オールド・クロップの別）によって変わり、それが生豆に色の変化をもたらす（口絵Iページ参照）。

「ニュー・クロップ」というのはいわゆる当年物で、含水率は、水洗式では平均一二～三パーセント、乾燥式では一一～二パーセント。生豆は新鮮な淡緑色で、酸味や香りが強く、豆の個性もはっきりし、一般に力のあるコーヒーである。高地産の水洗式ニュー・クロップの硬い豆は、ローストしにくいため、高品質なのにかたよりのある不安定な味、渋味や異常な酸味を感じさせることがある。

「パースト・クロップ」は前年度産の豆で、まだ緑色の美しさをかなりたもっているものの、色、ツヤがいくぶん弱まり、含水率も低下する。

「オールド・クロップ」は、一般に含水率が最も小さく、そのため焙煎しやすい代わりに酸味が弱く、概しておだやかな味。しかし、円熟した親しめる味のコーヒーもあり、また、ブレンド用として、他の豆の欠点をつつみこむような効果があり、全体として口あたりのよい柔和な味をつくることがある。

一般に、含水率が高くなりすぎると豆の色が濃緑色になり、いくぶん黒みを帯びてくる。精製工程の乾燥不足によることが多く、カビ豆の原因になる。このようなコーヒー豆には、他の欠点豆の混入も多く、生産地の品質管理全般にも手落ちが目立つ。貯蔵に最も不適当なコーヒーである。

欠点豆（口絵IIページ参照）

①豆以外の混入物

ブラジルでの「品質タイプ」の例からわかるように、コーヒー豆以外の夾雑物（樹木の一部分、枝、木、葉の他に、大地から入る石、土、砂など）が、おもに収穫から精製を経て、選別、袋詰めの段階、時には貯蔵や輸送の過程でも生豆の中に混入することがある。それらも「欠点豆」として減点の対象になる。

②発酵豆

その名の通り、発酵臭を持っているのが特徴で、多くは青黒く汚れているため、判別は比較的容易である。注意したいのは、ごく初期の段階で、まだ一見正常豆のように見える状態のもの。この場合でも、すでに異臭を放ち始めているので、匂いに気をつければチェックできる。

焙煎しても正常に煎り上がらず、白っぽくなり、独特の異臭はコーヒー液にまで影響をおよぼす。

③黒豆

発酵豆が腐敗すると一層黒みを増し、通称「ブラック・ビーン」と呼ばれる状態になる。この黒豆は、収穫前に地面に落ち、地上で腐敗黒変することが多い。

外見も匂いもあきらかに異常で、発酵豆以上に他の豆の品質低下をもたらすので、すべて除去する必要がある。

④カビ豆

これまでエチオピア産のコーヒーやマンデリンの一部に見られたが、他のコーヒー生産地でも、貯蔵、輸送の過程でカビの発生する機会は少なくない。第一に乾燥工程に問題のあるケースが多く、そのような乾燥不備の豆が、あとの保存の悪さ（高温、高湿）と重なって、輸入後、比較的短期間にカビを生じてしまう。

特定の産地・銘柄、または、ある一定期間続いて見られるなどの傾向が強いので、注意を要する。

⑤虫くい豆

未熟果のうちに害虫（通称ブローカ）が侵入し、豆の養分が失われることによって、外見、味ともに劣化する。害虫によるピンホールのような小さな穴があいているので見つけやすい。

⑥未熟豆

果実の成熟する時期がそろわなかったり、または一本の樹木でも当然熟果と未熟果を生じるので、未熟豆の混入はさけられないが、一応は選別除去されて送られてくる。

一部混入した未熟豆は、粒が小さく貧弱で、形も悪く、もちろん煎り上がりも見劣りがする。味も青臭く、円熟味とはほど遠い。

⑦砕け豆（割れ豆）

精製、特に乾燥工程、まれに機械選別や輸送段階でもコーヒー豆が砕けることがある。貝殻状に砕けたものを「貝殻豆」と呼ぶが、いずれの豆も、豆自体の品質もさることながら、焙煎する際の煎りむら、または燃焼につながるので、取り除く必要がある。

⑧ドライ・チェリー

乾燥式精製法では、収穫した果実をすぐに乾燥場に広げて天日乾燥を行うが、その段階の未脱穀の「皮付き乾果」（ドライ・チェリー）を、ブラジルでは「コッコ」という。

生豆中に混入したコッコを焙煎すると、外皮が焼けて異臭を放ち、渋味がでる。コッコ自体は生豆より大きく、黒っぽいのでそれを見落とすことはまずないが、砕けたコッコの小片が混入することもあるので注意したい。

●焙煎と味（テストロースト）

生豆の個性や特徴は、外見からもかなりあきらかになるけれども、ローストの工程を経る（テストローストを行う）ことによって、一層確かなものになる。

テストローストは、テスト・ロースター（サンプル・ロースター）で行うのが望ましいが、とりあえず初めは、素焼きの土なべ（焙烙《ほうろく》）かフライパンでもよい。安価で最も使いやすいのは、豆煎り器（手網焙煎器）である。この程度の器具で、結構本来の目的を達成できるものである。

テスト・ロースター

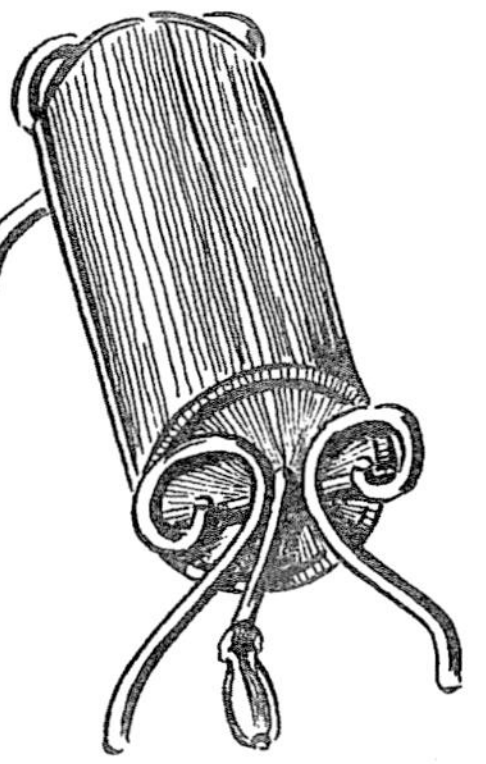

ロースト段階は八つに分けられるが、初めは同一銘柄の生豆をおおまかに三段階（浅煎り、中煎り、深煎り）に煎り分ける練習からスタートすればよい。

ブレンドにしても、豆の特徴をつかむ意味からしても、一応三段階で充分である。

三段階に煎り分けた豆について、外見の特徴と味覚的特徴を記録しておくと、将来、色色な豆を使い分けるうえで、非常に役立ち、有効である。

一般に、煎り豆は次のようにしてチェックする。

外見として、豆全体がまるみをもった充分なふくらみがあること。豆のふくらみは、ローストする前の生豆と比較するとよくわかる。色沢が均質で、シワがなく、ツヤがあればよい。

一粒を口に入れ、かみ砕いてみると、浅煎りでは苦味の中にさわやかな酸味があり、深

1	ライト・ロースト	最も浅煎り	黄色がかった褐色
2	シナモン・ロースト	浅煎り	アメリカン・ロースト
3	ミディアム・ロースト	普通煎りの浅め	アメリカン・ロースト
4	ハイ・ロースト	普通煎りのやや深め	ジャーマン・ロースト
5	シティ・ロースト	普通煎りの深め	ジャーマン・ロースト
6	フルシティ・ロースト	やや深煎り	ヨーロピアンスタイル
7	フレンチ・ロースト	深煎り	フランス式ロースト
8	イタリアン・ロースト	最も深煎り	イタリア式ロースト

ローストの8段階

成熟度	生豆	よく成熟し、ひきしまった肉質の豆。
	煎り豆	ふくらみがよく、ボリューム感がある。
色沢	生豆	色沢が均質で、美しい肌合いを持つ。
	煎り豆	煎り上がりがととのい、外見が美しい。
匂い	生豆	新鮮な匂いがする。
	煎り豆	すぐれた芳香を持ち、風味がよい。
欠点豆の有無	生豆	欠点豆がなく、性状が安定している。
	煎り豆	異味・異臭がなく、品質が安定する。
粒の大きさ	生豆	粒がよくそろい、均一である。
	煎り豆	ローストしやすく、均質性がたもたれる。
乾燥度	生豆	乾燥度が一定で、むらがない。
	煎り豆	煎りむらがなく、味が落ち着く。

高品質の生豆と良質な煎り豆

煎り豆は、良質の苦味が舌全体に広がる。いずれの場合も、正常な強い芳香を放つものは良好。

豆の平らな面を下にして親指で圧迫すると、ムリなく砕ける。深煎りでは一層もろく砕けるが、豆の内部・外部ともに均質に火が通り、濃淡のむらがまったくないことを確かめる。

なお、この段階で豆の全体を見て、いく粒かの煎りむら、または欠点豆があれば、再度ハンドピックによって取り除き、品質保持をはかりたい。

手網焙煎によるメリットとしては、次の点があげられる。

1、豆とのスキンシップができ、コーヒーの性格がよく理解できる。

2、生豆・煎り豆の判別能力が養われる。

3、銘柄だけを問題にするのではなく、銘柄と焙煎度をからめたコーヒー豆の評価ができる。

4、コーヒーに対する自分の好みが確かになる。

5、自分の好みに最もフィットした、いわゆる「オリジナル・コーヒー」をいつも飲むことができる。

6、原料価の節約になる。

主要産地とコーヒーの特徴

●中米、西インド諸島

メキシコ

地理的には北米に属するが、メキシコのコーヒー産地は、グアテマラに近い南部地方に集中しているので、産地分類は中米に入れる。

東海岸側に東シエラマドレ山脈、西海岸側に西シエラマドレ山脈が走り、理想的な栽培地形の山岳傾斜地に恵まれ、コーヒーの生産が活発に行われている。

高地から順に、アルトゥーラ、プリマ・ラバド、ブエン・ラバドの三つに標高分類される。

主要産地は、タパチュラ、シエラ・オアハカ、プルマ・オアハカ、プエブラ、ハラパ、コアテペック、オリサバなど。豆の大きさは中粒から大粒。外見、香味とも概して良好である。

グアテマラ

国土の大半は高原地という農業国。六〇〇～一五〇〇メートルの高地でコーヒーの栽培が行われ、標高による七分類で格付けされる。

サンマルコスを筆頭に、ケサルテナンゴがこれに次ぐ有名産地。コバン、アンティグアもよく知られ、特に後者がすぐれている。

粒が長く大形の豆で、SHBやHBなど、高地産のコーヒーにはこくと良質の酸味があって好評である。一般的にいえることは、中米系の高級品は質が安定しているが、中級品以下の豆にはバラつきが多い。

エルサルバドル

ここも標高の三分類（高地、中腹、低地）を採用。西部のサンタアナ、ラリベルタ、中部のラパス、東部のウスルタン、サンミゲルなどが主要産地。高地産の豆はこくと酸味に富み、まろやかな味わい。低地産の豆はやや物足りない。

ホンジュラス

わが国の三分の一ほどの面積で、山岳地帯が広範囲を占め、傾斜地栽培に適している。西部から南部にかけてサンタバルバラ、南のグラシアス、エスペランサ、東方のコマヤグア、ニカラグア寄りのチョルテカがよく知られる。一般に中粒から大粒、柔らかくかたよりのない味のコーヒーである。

コスタリカ

太平洋側中央高原のメセタ・セントラル、東部カリブ海側（大西洋側）のアトランティック・ゾーンが二大産地である。豆は大粒で、適度の酸味と柔らかさに特徴がある。配合用としても好適。

ジャマイカ

コーヒーの名声によって脚光をあび、話題

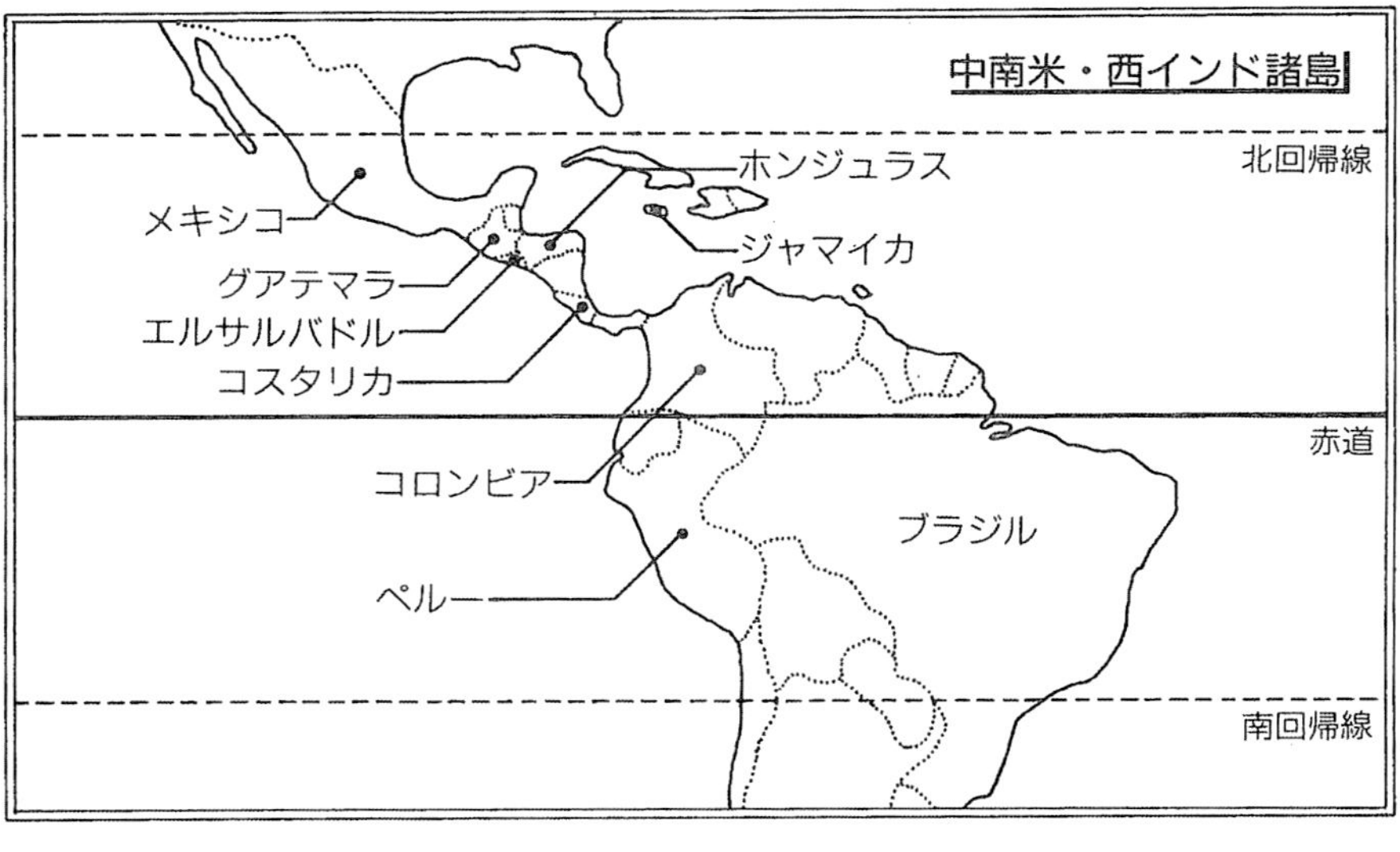

をにぎわすジャマイカ島は、カリブ海に浮かぶ小共和国である。

この島を横断する山脈のスロープが、いわゆるジャマイカ・コーヒー産地で、地域別に次の三つのタイプに分けられる。

ブルーマウンテン　首都キングストンの北東、秀麗ブルーマウンテン連峰、サージョーンズ、シルバーヒルを含む地域を絶好の栽培地とし、最高峰二二五六メートルのブルーマウンテン山系にちなんで名づけられたのが「ブルーマウンテン」である（栽培地は八〇〇〜一五〇〇メートル）。

粒が大きく良質で、調和のとれた味わいに定評があり、精製工場別のマークと保証書つきで、樽に詰めて出荷される。No.1、No.2、No.3、ピーベリーなどの等級がある。

ハイマウンテン　中部地域、おもにガイズヒル、エイノンタウンを中心に、標高五〇〇〜一〇〇〇メートルで栽培され、ブルーマウンテンの約二倍の生産量がある。これも、No.1、No.2、ピーベリーに格付けされる。

プライム・ウォッシュト　ブルーマウンテン、ハイマウンテン以外のジャマイカ・コーヒーをいい、三〇〇〜五〇〇メートルの低地で生産される。品質は前述の二者におよばないが、生産量は最も多い。また、プライム・ウォッシュトの規格外のコーヒーを「ウォッシュト」と格付けする。

●南米

ブラジル

わが国の二三倍の面積を持ち、「コーヒー大陸」の名に値する世界第一のコーヒー生産輸出国である。

広大な国土の約一〇の州から大量に生産されるので、その地域格差と品質格差をうめるため、独自の格付け規準を設定し、品質の安定化をはかっている。

コーヒー産業にたずさわる日系人の活躍は高く評価され、品質も総じて良好。古くからブレンドには不可欠の豆で、加工処理もしやすく、広く親しまれている。特にブラジル・サントス、品質タイプNo.2、スクリーン一八〜一九、味はソフトの四条件をみたした豆が好評で、広く使われている。

「ブルボン」（ボルボン）は小粒で生産量は少ないが、柔らかさと良質の酸味を特徴とする。

ペルー

アンデス山岳地北部に位置するピウラから、東南端のクスコに至る主要産地で良質のコーヒーが生産され、特に中部地域のチャンチャマイヨが有名である。

水洗式のペルーは酸・苦がほどよく調和し、香りもかなりよい。乾燥式も、酸味は少ない代わりに味がまろやか。いずれも多目的に使え、使用価値の高いコーヒーである。

コロンビア

ブラジルに次ぐ世界第二のコーヒー生産国。「コロンビア・マイルド」生産グループ（コロンビア、タンザニア、ケニア）の筆頭で、その総生産量の七〇〜八〇パーセントを占める。

産地名がコーヒー名として知られ、メデリン、マニサレス、ボゴタ、アルメニアなどはそれぞれ定評がある。淡緑色の大粒の豆で、特有の重厚味があり、単品でも配合でも非常に良好である。

豆の大きさによって、「スプレモ」と「エキセルソ」に分類され、どちらも異物の混入がないことを規準条件とする。

●アフリカ、アラビア

コートジボアール

生産量はブラジル、コロンビアに次いで世界第三位。ロブスタ種の生産量では第一位。

主要産地は南部地方で、ロブスタ種の中形豆を生産する。一九六〇年以降、アラビカとロブスタの交配種「アラブスタ」の栽培に成功し、注目をあびた。

カメルーン

労働人口の八〇～九〇パーセントが農業従事者で、この国の総輸出額の約二〇パーセントをコーヒーがまかなう。

ロブスタは乾燥式の中形の豆、水洗式アラビカは中形でよい酸味を持つが、単品で飲むよりは、配合向きのコーヒーである。

ウガンダ

「ジャワ・ロブスタ」に次いで、「ウガンダ・ロブスタ」もよく知られている。黄色がかった丸みのある豆で、味は強い。一方、この国のアラビカ種は、青緑色をしていて、香味もかなり良好である。

タンザニア

アフリカ大陸の最高峰キリマンジャロ。そ

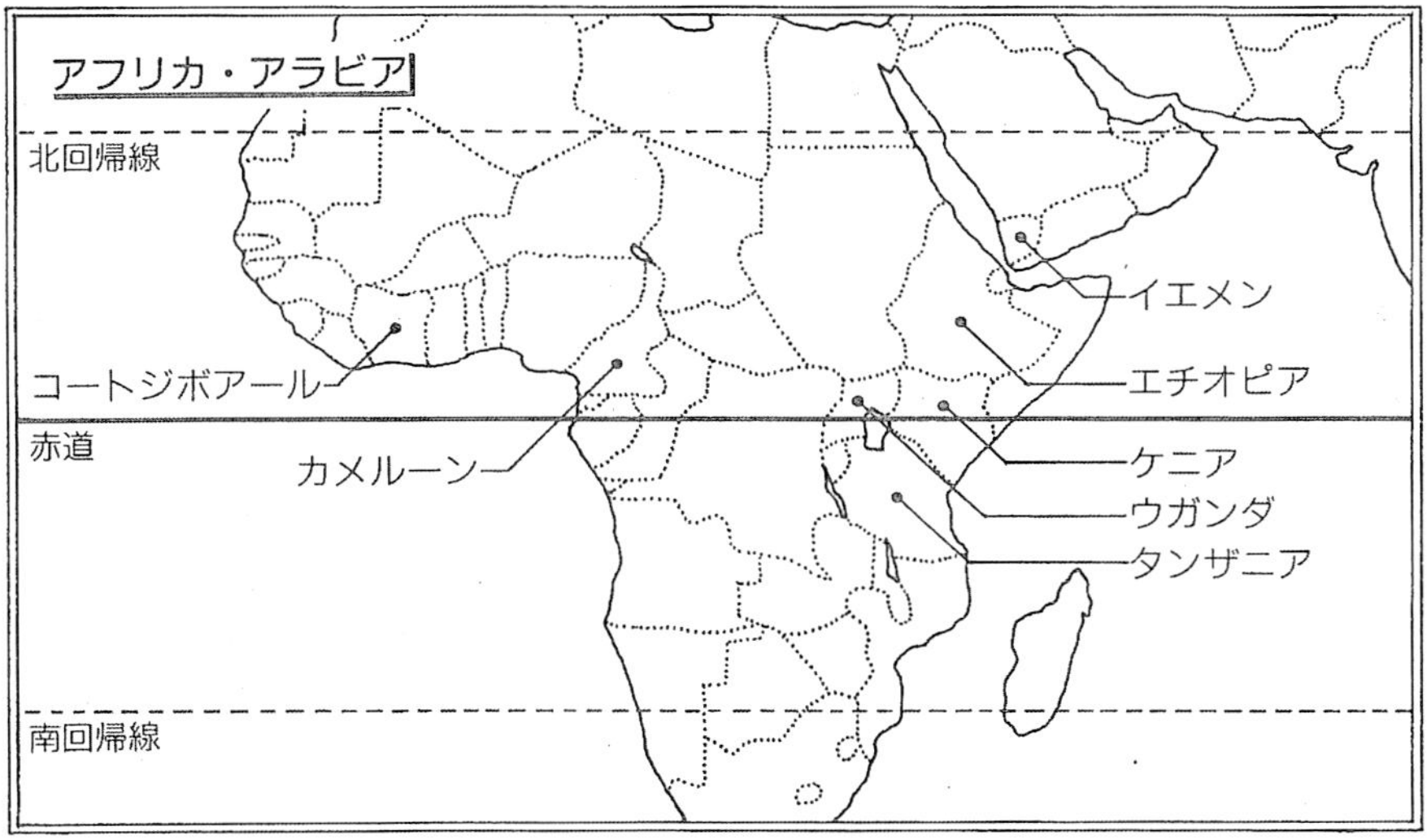

の九五〇～一九〇〇メートルの山岳地帯は、コーヒー栽培の好適地で、通称「キリマンジャロ」と呼ばれる水洗式の美しい豆を生産する。モシ、北部のメル山麓、オルデアニ、北東部のウサンバラ、南部のルンゲ、ボシなどのアラビカ種は世界の高級品で、特にグレードAA（大粒豆）が良好。ロブスタ種はブコバ、カラゲ、タンガなどで栽培される。

ケニア

ウガンダ国境からリフトバレー地域、ナイロビを中心にしたルイル、キアング、チカなど南西部に至る広地域で栽培されている。

ブルボン島由来のモカ系小粒豆は、独特の風味で配合に適し好評。また、グレードAA、カップ（味覚）等級「ファイン」の豆も良質。

エチオピア

コーヒーの原産地にふさわしい歴史と伝統を持つ農業国。「コーヒー」の名の由来とされる南西部のカーファ地方、南部のシダモ地方が主要産地。また、東部の高地ハラーも「ハラー」というコーヒー名とともに有名。

豆は小粒で乾燥式、青緑色をしている。アラビア・モカよりやや長めで形が似ているところから、「ハラー・モカ」「ロングベリー・モカ」の異名を持ち、特有の香味と酸味が好まれている。

欠点豆の混入率で、No.1～No.8に格付けされ、わが国へはNo.5（三〇〇グラム中欠点数四六～一〇〇）が入荷している。したがって念入りなハンドピックを要する。

南部のシダモ、南西部のジマなどの水洗式コーヒー「ウォッシュト・エチオピア」は、品質良好で、最近注目を集めている。

イエメン

コーヒーは、エチオピアからイエメン（通称アラビア）にもたらされ、ここを起点として、世界各地に伝播した。

アラビカ種名の発祥地であり、かつて「モ

カ・コーヒー」の名声で、一世を風靡した由緒あるコーヒー産地であったが、往年の活況はもはや見られない。

アラビア半島を縦走する一〇〇〇メートルの高原地でコーヒーが生産されているが、小さな栽培規模と素朴な生産形態のため、管理、生産性ともに落ちる。

乾燥式で、欠点豆の混入が多く、小粒で粒は不揃い。入念なハンドピックを必要とするが、精選豆の持つモカ・コーヒー特有の風味と円熟味は、依然として高く評価されている。産地名で取り引きされ、「マタリ」「サナニ」「シャーキ」などがある。

●アジア、オセアニア

インド

南西部のカルナタカ州（旧称マイソール州）が主産地で、大粒の豆。南東部タミルナド州の豆は、小粒ながらインドの高級品。ケ

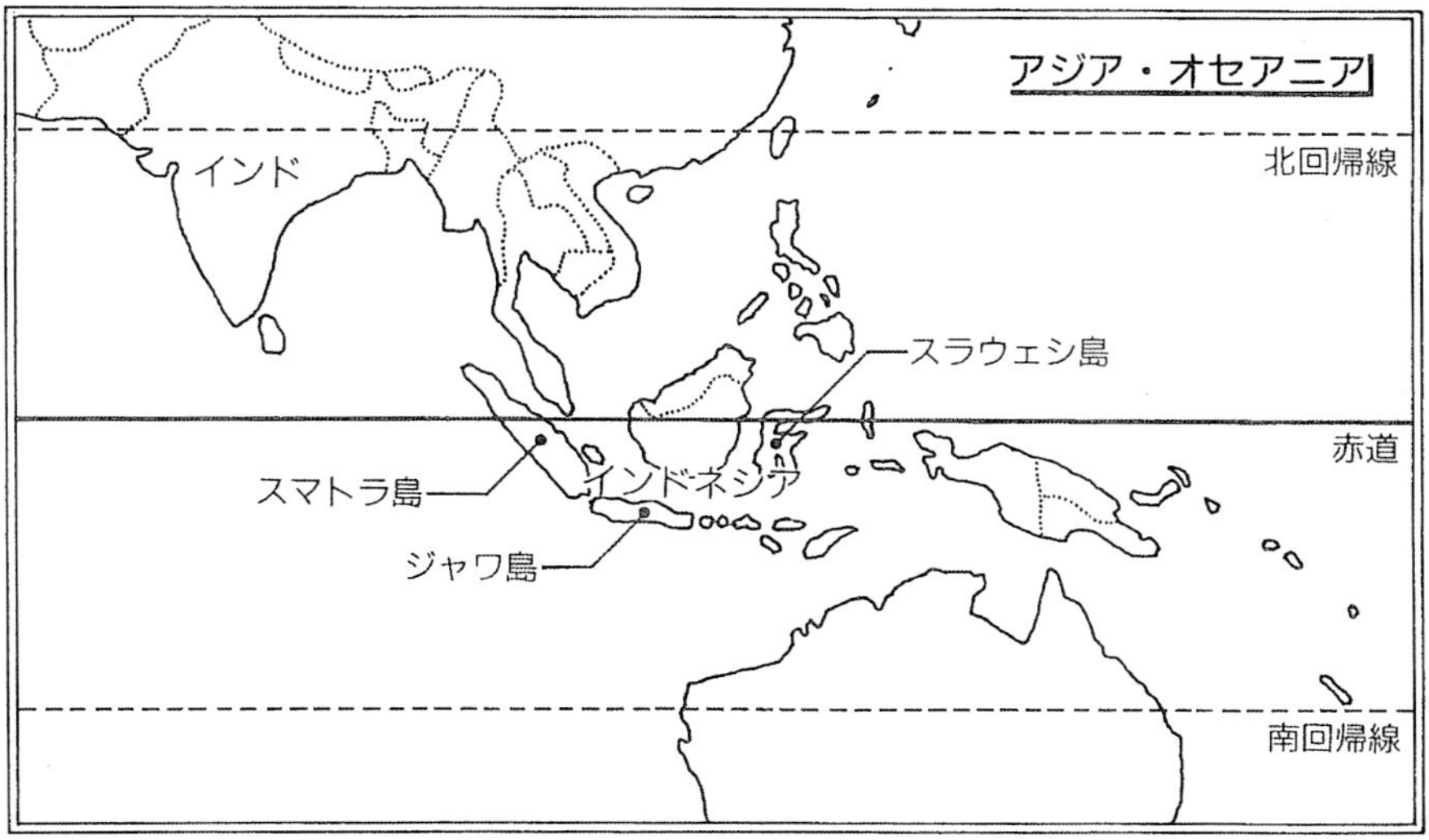

ララ州高地産も良品。インドはアラビカ種の栽培が中心であったが、今世紀の初めから、病虫害対策としてロブスタ種を導入した。したがって、アラビカ、ロブスタの両種を産し、しかも、それぞれが水洗、乾燥の両方式を採用する。良品は煎り上がりがととのい、深めに煎ってブレンドに使うと効果的。

インドネシア

西イリアンと大小一万以上の島々で構成される共和国であるが、コーヒー主産地はジャワ、スマトラ、スラウェシの三島にしぼられる。コーヒーの九〇パーセントはロブスタ種で占められている。

ジャワ島で生産される少量のアラビカ種は、小粒で酸味のきいた良質豆である。この島のアラビカ種は、世界的な優良品であったが、一九二〇年ごろ大規模な病害を受け、それ以降、抵抗力のあるロブスタ種の栽培に切りかえ、今日に至っている。ロブスタの品質は世界随一で、苦味に個性を持つ「ジャワ・ロブスタ」は、広くブレンドに使われる。

スマトラ島の「マンデリン」は、数少ないアラビカ種で大粒。生産管理の不備とともに、ロースト の良し悪しがてきめんに豆にでるためやや不評だが、もともと東洋的な豊かなこくとシロップのようななめらかな口あたりがあり、世界の逸品とされ、やはりすてがたい。「アンコラ」は小粒な丸みのある豆で、インドネシアの代表的なコーヒーである。

スラウェシ島の大粒の「カロシー」、いくぶん小粒の「ランテパオ」はやや低調。「トラジャ」は、スラウェシ島南西部の山岳地帯、トラジャ地方産の良品である。一九三〇年ごろから開拓事業が進められ、順調に生産が伸び、市場にも出回ってなじみ深いコーヒーである。

●伊藤博

第二章

最高の一杯をたてる

おいしいコーヒーをいれるために

「一杯のコーヒーから、夢の花咲くこともある」という歌の文句のごとく、コーヒーは、多くの人たちに楽しい語らいの時や、くつろぎの時を与える。

しかし、そのコーヒーをどのようにしてつくるのかといえば、大変複雑な過程を経なければならない。苗を植え、樹に育てるなどの栽培は日本では難しい。けれども、生豆を購入してから、焙煎、配合（ブレンド）、グラインドという過程を経て、コーヒーを抽出していくことは、比較的簡単にできる。

一般に、コーヒーがいいコーヒーであるかどうかは、抽出の技術についていわれることが多いが、決してそれだけではない。味を決定する比重が高いのは、むしろそれ以前の段階といえる。だから、いいコーヒーをいれるためには、どの過程もおろそかにできないし、それぞれポイントを押さえていくことが必要になってくる。それは、単に技術だけの問題ではなくて、様々な要素がからんでくる。したがって、いいコーヒーをいれることは、決してすぐにできるとはいえない。しかし、適正な方法と経験を身につければ、ねらった味がだせるようになる。

ここでは、それぞれの段階——生豆、焙煎、ブレンド、グラインド、抽出——について、順を追って最良の方法を考えてみたい。

●生豆の選び方と重要性

コーヒーをいれる作業は、まず生豆を吟味選別することから始まる。原料たる生豆の良し悪しが、最後の一杯のコーヒーに大きく影響するのである。したがって、生豆について様々に知ることが、非常に大切になってくる。

悪い豆がどの程度混入しているかで、全体の豆の品質が決まってくるが、どんなに高品質といわれる豆にも、必ず悪い豆が混入している。この悪い豆は、コーヒーの味に悪影響を及ぼすので、いいコーヒーをいれるための第一歩は、こうした悪い豆をハンドピックで取り除いていくことから始まる。したがって、何が悪い豆であるかを知る必要がある。

コーヒーの味に最も悪い影響を与えるのは「発酵豆」である。これは、生豆の乾燥が不充分であったり、出荷の際に袋につめた後、雨にうたれたりして発酵した豆である。生豆の状態では匂いはないが、煎り上げると、腐敗しかけた、鼻をつくような強烈な匂いがする。一粒混入していても、他の豆に匂いが移り、コーヒーの味を台無しにする。モカ・マタリに多く混入していて、しかも取り除かないで売られているケースが多いので注意を要する。

モカ・マタリを出荷するかご

他には「黒豆（発酵豆がさらにすすみ、完全に腐敗した豆）」、「未熟豆（充分に熟成されないまま収穫された豆）」などがある。

ただ、これらの欠点豆には、生豆の状態ではわかりにくいものがある。それでも、焙煎すると、他の豆のようには煎り上がらないので（口絵Ⅱページ参照）、焙煎後に取り除くことができる。つまり、ハンドピックは、焙煎の前と後で二回必要になるのである。

また、見かけ上欠点はなくとも、いわゆる「うま味」を持っていない豆がある。光沢がなく、粒は大きくとも実にしまりがなく、重みを感じさせない豆のことである。このような豆が多いと、当然味に影響がでてくる。

逆にいうと、光沢があり、豆のセンターラインがしまっていて、ふっくらと重みのある豆がよい。「実が入っている」という表現をするが、コロンビアについていえば、「三日月」の形のように弓なりに反っている豆があり、これなどは、見た目はよくないが、実のよく入った良品といえる。こうした豆が多く入っていたほうが、味もよくなるといえる。

常に生豆に触れ、経験を積み重ねていくと、豆の良し悪しというのは一目でわかる。そして、よい豆というのは「いい顔をしている」と思うようになってくる。

他には、粒の大きさ、豆の色がそろっていることがあげられる。これは、焙煎する際に煎りむらがでないようにするため。

粒の大小は味には関係がない。つまり、大きければおいしい、小さければまずいということはない。コーヒー豆は農産物であるから、極端にいえば、一粒一粒味が違う。ただ、同じ品種、同じ産地の豆で粒がそろっていれば、ほぼ均質で味が一定するということができる。

全体についていえば、コーヒーの味を決める要素の中で、生豆の良し悪しが三割、焙煎・ブレンドが四割、たて方が三割を占めると考える。つまり、焙煎までの段階で、コーヒーの味は七割決まっている。たて方で変えられるのは、ほんの三割で、その三割だけに固執することよりも、それ以前の段階を大切にしていくことが重要になってくる。

いいかえると、コーヒーの味を考える場合に、どの過程に問題があったのかを適切に判断していかなくてはならない。そして、生豆に問題があれば、どのように焙煎しても、どのようにブレンドしても、どのようにたてても、決して最良のコーヒーをつくることはできない。発酵豆が一粒混入しただけで、味が台無しになるのである。

このような意味でも、生豆というのは、最も根底的、基本的な部分といえ、生豆についてよく知ることが必要になってくるのである。

●生豆の購入

生豆を扱っているデパート、食料品店、コーヒー器具店がふえてきて、最近では、容易に生豆が手に入るようになってきた。また、自家焙煎をしているコーヒー店もあって、そこで生豆を買い求めることもできよう。自家焙煎をしているコーヒー店は、いかにおいしいコーヒーをつくるかに研鑽を重ねているケースが多いので、生豆の仕入れにも、かなり神経を使っていると思われる。

こうしたコーヒー店を含めて、生豆を買う時に注意することは、扱われている豆が常に同じであるかどうかを確かめることである。というのは、焙煎にかかわってくるからである。

くわしくは後述するが、焙煎技術を会得するには、常に同じ豆で練習するのがよい。豆によって、含水率が違い、粒の大きさも硬さも違う。豆の質ごとに焙煎方法が異なってくるので、常に豆を違えていると、上達しないばかりか混乱するだけである。そのために、常に同じ豆を入手する必要がある。

通常、豆は国の名前を表示して売ることが多いが、同じコロンビアでも、産地は、メデリン、アルメニア、マニサレスなど様々にある。粒の大きさによる等級も、大きいほうからスプレモエスペシャル、スプレモ、エキセルソがある。つまり、産地が違い、粒の大きさが違えば、豆の質が異なり、焙煎方法が異なってくるのである。

コロンビアという表示しかない場合、ある時はメデリンが売られ、ある時はアルメニアが売られることがありうるため、産地、等級を確かめておくことが必要になってくるのである。

●生豆の保存

生豆は、何年たっても風味が落ちるということはない。むしろ、数年ねかせておくと、豆の水分が抜けて、特に初心者には焙煎が容易となり、まろやかさもでてきて、新しい豆よりもこくが勝るようになる。

保存については、温度一定・湿度一定が理想ではあるが、実際にはそれは無理であるし、それほど神経を使う必要はない。直射日光をさけ、風通しのよい、いわゆる冷暗所に自然の状態でおいておけばよい。

ただ、特に梅雨時などの著しい湿気を防ぐためには、容器に入れて、密閉して保存したほうがよいだろう。そして、晴れた日など、時おり容器からだして風にあてるとよい。

また、焙煎する直前に必要量を取り出し、豆全体の水分を一定させる意味で、陰干しをするとなおよいだろう。

焙煎

コーヒーの味は、この焙煎という加工方法によって、ほとんど決まってしまうといって差しつかえないと思う。

焙煎とは、生豆を火にかけて煎り上げ、いわゆるグリーンビーンズを茶褐色に変化させることである。

それは、コーヒー豆の持っている悪い成分、悪い味をうまく処理して消すということであり、コーヒー豆の持っている、いい香りとか、いい酸味、苦味を取り出すことである。大変難しい作業である。

まず、焙煎の基本的な問題に触れてみよう。

●焙煎の基本的な問題

均一な焙煎

コーヒー豆を焼く場合、豆の外側には直接火がかかるが、内部には、直接火をかけることができない。しかし、外側も内部も、ともに均一に焼き上げる必要がある。

外側から見ると、大変深く煎った豆のように見えたとしても、グラインドすると、粉の色が、豆の外見の色よりも少々薄くなることがよくある。これは、内部が外側と同一の色に焼き上がっていないためである。つまり、外側だけが焼け、内部まで火がよく通らずに、生焼けになっているのである。これは、火が強すぎる場合におこる。

また、逆に、火が弱いと、内部の焼けが進行し、外側よりも、内部が焼けすぎてしまうことになる。

均一に焼けると、外側から見た豆の色と、グラインドした粉の色とがまったく同じ色である。

コーヒー豆の水分

コーヒーの生豆は、水分をたくさん含んでいる。この水処理が、大変問題になる。

生豆に火を加えていくと、豆はいくぶん柔らかくなってくる。同時に水分が抜け始める。そして、豆は小さくなってゆき、表面に、水分が抜けたためのしわができてくる。豆は、さらに小さくなって、黄色から茶色へと色づいてくる。

じょうずに火加減をしていくと、内部の水は熱せられて、少しずつ外へ放出されていく。しかし、水分が外へでてしまわないうちに火力を強くすると、外側だけが焼けて、中が焼けず、水分が残ってしまう。

そして、コーヒーの成分であるタンニンが、加水分解をおこし、ピロガロール酸になる。このピロガロール酸が、コーヒーの渋味、えぐ味の原因であり、濁りの原因である。つまり、豆に水分が残ると、コーヒーの味を悪くする成分が生じるのである。

焙煎をしていくうえでは、この水分の抜き方がコーヒーの味をつくる時の最大の要点で、いい豆を悪くするのも、この一時にかかっていると思う。すなわち、常に火にかけているのだから、火加減のタイミングをまちがうと、たちまち手遅れになってしまうのである。

豆のふくらみと煎りむら

煎り上がったコーヒー豆のふくらみ具合も、大切な要素である。ふくよかに、大きくふくらんでいるのがよい。表面にしわがなくなり、煎りむらがなく、光沢のある豆に仕上げることが大切である。一度に大量の豆を焙煎すると、煎りむらができることが多い。火の通り具合が悪くなるためであろう。

豆の個性を引き出す

焙煎の目的は、単に豆を焼き上げるのではなく、豆の個性を引き出すことである。それぞれの豆には、それぞれ持ち味があって、それを最大限に引き出す焙煎をしなければならない。

　一般に、煎りが浅いほど酸味が強く、香りがよい。そして、深く煎り上げていくにつれて、酸味が失われ、苦味が進行していく。深煎りになると、香りは少ないが、飲んだ時に、香ばしさがでてくるようになる。

　問題は、どの段階で焙煎をストップすれば、その豆の持ち味が最も引き出せるかである。

　具体的な例を一つ。ブルーマウンテン・ウォーレンフォード・エステイト・No.1という品質のコーヒーがある。香りのよいことと、酸味・苦味のバランスのとれた味で有名なコーヒーである。生豆も、光沢のある大粒の豆で、実の入った良品といえる。

　この、いわば最高級の豆も、焙煎をまちがえると台無しになる。この豆は、ある程度煎り込んでいくと、良質な酸味とともに、なんともいえないまろやかな苦味を味わうことが

ブルーマウンテン・ウォーレンフォード・エステイト
を出荷する樽とラベル

できる。また、少々の甘味も感じられる。ところが、さらに煎り込みをすすめると、ある一点で、酸味も苦味も感じられない、色と香りだけのコーヒーになってしまう。

つまり、どの時点で火からはずすと、最も豆の持ち味が引き出されるかを、豆ごとに知らなければならない。豆の持ち味をいかすもころすも、焙煎次第である。

しかも、焙煎する時の条件によって、焙煎時間が一定しない。豆がある状態にさしかかるのに、ある時ははやく、ある時は時間がかかったりする。つまり、時間に頼ることなく、豆の変化を的確につかまなければならないところに、さらに難しさがあるといえる。

●焙煎のいろいろな段階

一般には、焙煎の段階は八段階に分類されている。浅い順にいうと、ライト、シナモン、ミディアム、ハイ、シティ、フルシティ、フレンチ、イタリアンである。

しかし、この段階については、明確な規定もなければ、火の使い方に対する注釈も何もない。そこで、あらたに分類を行ってみよう。

I段階　コーヒー豆は、焙煎の進行と同時にだんだんと小さくなり、茶色に近づいてくることはすでに説明した。この豆が、ある瞬間、パチパチと音をたてて、はじけ始める。この最初のはぜの音が終了する少し前に、コーヒー豆は、ちょうどシナモン色になってくる。この程度の焙煎が第一段階のものであると思う。ライトと呼ばれるものも、だいたいこの段階である。大変酸味の強いコーヒーになり、香りも少し青臭い。豆の表面は、シナモン色になってはいるが、少しまだらが残っている。

II段階　シナモンの次の段階がミディアムと呼ばれている。アメリカンコーヒー用の焙煎であり、香りがよく、酸味も一段とまろやかさを増してくる。豆の表面に、つやも生まれてくる。アメリカの缶詰コーヒーなどが、だいたいこの段階とみてよさそうだ。

なお、この段階での焙煎豆は、一〇～一五日ほど放置しておいても傷むことはない。つまり、ごく浅く煎ってあるので、豆の細胞も硬く、湿気を吸収しにくいのである。

ミディアムの次は、ハイということになるが、この区別は大変つきにくい。が、ほぼこの段階までを浅煎りとする。アメリカンタイプのコーヒー、あるいは、ブルーマウンテン、キリマンジャロなど、酸味を持ち味とする豆をこの焙煎で仕上げている。

III段階　シティ、フルシティと呼ばれる段階をIII段階とする。言葉では表現しにくいのであるが、表面は、少々濃い茶色になっている。コロンビアでいえば、第一回目のはぜの音がなり終わり、第二回目のはぜが始まる直前ぐらいであろう。フルシティになると、二回目のはぜが始まっているといえる。

この段階では、酸味が少なくなってきて、代わって、苦味が酸味よりも少し強くでてきている時ともいえる。コロンビアでいうと、少し苦味のほうが勝っている。この程度の段階を中煎りと呼んでいる。コロンビア、ブラジルが、この程度の焙煎がよいと思う。

IV段階　次の段階のフレンチを、深煎りと呼ぶ。前述の中煎りよりもさらに一歩深く煎り込む。色も、濃い茶色というよりも、少し黒色を帯びてくる。苦味が、ますます重厚さを増してきていて、それと同時に香ばしさもでてくる。酸味はほとんど感じられないようになる。

深く煎ってあるために、非常に乾燥していて、湿気を吸いやすく品質の変化がはやい。浅煎りの豆よりも保存できる日数が短くなる。

煎ってから一週間、夏場で三～四日たつと、表面にオイルが浮かんでくるが、これは味には関係がない。

Ｖ段階　さらに深く煎った段階が、次のイタリアンである。炭化する少し前で、表面にオイルが浮いてくる。色も、黒っぽい茶、あるいは、濃いチョコレート色で、かなり黒色に近い。酸味はまったく感じられない。

以上、五段階に分類してみたが、さらに細かく分類することがある。つまり、Ⅱ・Ⅲ・Ⅳの浅煎り、中煎り、深煎りをそれぞれ三つずつに分け、計九段階にするのである。浅煎りのやや深め、中煎りのやや浅めという具合である。

Ⅱ	1	浅煎りの浅め
	2	浅煎りの中
	3	浅煎りの深め
Ⅲ	1	中煎りの浅め
	2	中煎りの中
	3	中煎りの深め
Ⅳ	1	深煎りの浅め
	2	深煎りの中
	3	深煎りの深め

焙煎段階

焙煎は、煎り込んでいくにつれて、変化が激しくなる。つまり、浅煎りでは進行がゆるく、深煎りになるほど進行がはやくなり変化が激しい。短時間で大きな変化をするので予断を許さない。

また、豆の種類によっても、変化が異なる。これは、粒の大きさにもよるし、含水量の違いにもよる。コロンビア、マンデリンなどの硬い大粒の豆と、柔らかな小粒の豆とでは、相当に違いがでてくるだろう。小粒のイエメン産のモカになると、時間は、相当はやまってくる。

●焙煎の注意点

焙煎が原因で、コーヒーの味を悪くすることがある。これは、味としても、香りとしても、成分としても、決してよいものではない。

水分をうまく抜かないと、草の香りのような青臭さが香りにまじる。また、前述したように、タンニンがピロガロール酸になり、これがえぐ味の原因となる。これは浅煎りの豆に多い。

そして、このえぐ味が火力によって昇華して、渋味になる。また、豆の外部、あるいは内部が焼けすぎた場合に、焦げ味が生じる。

煎った豆を親指と人指し指ではさんでつぶした時に、中央が細かく割れる場合、中が焼けすぎている。一見苦味のように感じるが、コーヒーの本当の苦味とは違う味である。

●焙煎とコーヒーの味

それぞれの豆には、それぞれの持ち味、個性があって、それを最大限に引き出すことが焙煎の目的でもある。そこで、豆の持ち味と焙煎の関係をまとめてみよう。

コロンビア

コーヒーの焙煎は、コロンビアに始まり、コロンビアに終わるというほど奥行きの深い豆である。浅煎りは、いい酸味のコーヒーになり、深煎りは重厚な苦味を持つ。粒も大きく、はぜの音が二回するので、焙煎の目安もつけやすく、非常に焙煎のしやすい豆。ほんのわずかの加減ですばらしくおいしくなったり、逆にまずくなったりもする、おもしろい豆である。

コロンビアを出荷する麻袋

ブラジル

豆が柔らかく、火の通り具合もよいので焼きやすい。ただ、浅煎りの酸味は、決して立派なものとはいえず、また、えぐ味がでやすい。逆に、深煎りは、内部が焼けやすい豆なので注意。煎りが深くなるにつれて、豆の変化がごく短時間の間におこり、深く煎り上げるには、苦労の多い豆である。しかも、苦味としては、味は決してよくない。結果的には中煎りにして、中庸の味を楽しむのがよい。

タンザニアAA（キリマンジャロ）

浅く煎ることも深く煎ることも可能ではあるが、この豆の持ち味は、豊潤でシャープな酸味であるので、深く煎ると、それが失われてしまう。また、香りのよさも、深煎りにすると犠牲になる。したがって、浅煎りが一番よいことになる。

マンデリン

浅煎りでも深煎りでもよいが、この豆の持ち味は断然苦味である。したがって、深煎りが最もおいしく飲める。ただ、中煎り程度でも、酸味が適度に残っていて、かつ重厚な苦味が同時に味わえて、大変おいしい。ただ、豆が硬いので、火の通し方に一考を要する。

グアテマラ

力強い酸味と香りを持ち、独特の苦味がある。深煎りにすると、甘味が失われ、苦味が鋭くなって飲みづらい。したがって、中煎り以下の酸味と香りをいかした焙煎が適している。ストレートで飲んでもこくのある良質なコーヒーであるが、ブレンドに少量使用しても、その個性はいかされる。

以上、簡単にまとめてみたが、それぞれの豆をどの程度焙煎すればよいかを焙煎程度にあてはめて表にすると、次のようになる。ただ、この焙煎程度というのも厳密に規定して示すことが難しいので、あくまでも目安としてほしい。

焙煎度		判定	味の特徴
II	1	×	生臭い味が残りやすい。酸味が鋭く安定しない。
	2	×	酸味が多く安定しない。
	3	○	酸味が安定し、甘味がでてくる。
III	1	◎	まろやかな酸味と甘味がある。
	2	◎	甘味が最も多い。
	3	◎	まろやかな苦味があり、甘味が多い。
IV	1	◎	〃
	2	◎	こくのある苦味とほのかな甘味がある。
	3	○	苦味は強くなるが、甘味は残る。

コロンビア・メデリン・スプレモ

全体に甘味とこくを持ったコーヒーで、極浅煎り以外は、それぞれ味わいのあるコーヒーとなる。豆が硬くはぜにくいので、充分に時間をかけて豆の芯まで火を通すことが大切。中煎りより、やや深く焙煎したほうが個性がでる。

焙煎度		判定	味の特徴
II	1	×	生臭い味が残りやすい。
	2	×	酸味が多く、粉臭い。
	3	○	柔らかい酸味がある。
III	1	○	香りがよくなる。
	2	◎	苦味・酸味をほとんど感じない。香ばしい香り。
	3	◎	ほのかな苦味と香ばしさがある。
IV	1	○	苦味は柔らかく、香りはやや少なくなる。
	2	○	やや強い苦味がでるが、スッキリしている。
	3	×	ざらついた苦味となる。

ブラジル・サントス・No.2・スクリーン18・ストリクトリーソフト

全体に柔らかい味で、ブレンドによく使用される。焙煎度合いや配合率を変えることによって、他の豆を引き立てたり、強い個性をやわらげる役目をする。特に上質の豆は、ストレートで飲んでもおいしい。

焙煎度		判定	味の特徴
II	1	◎	シャープな酸味と強い香りがある。
	2	◎	甘味をともなった豊かな酸味がある。香りもよい。
	3	○	
III	1	×	苦味が少しでてくるが、特徴のある酸味が少なくなり、香りも弱くなる。
	2	×	〃
	3	×	個性がなくなり、長所が少ない。
IV	1	○	こくのある苦味がでて良質だが、個性はない。
	2	×	
	3	×	

タンザニアAA（キリマンジャロ）

豊潤な酸味と香りが持ち味。作柄によって、硬い豆、柔らかい豆があるので注意が必要。硬い豆は渋味がでやすいので、前半に充分時間をかけて焙煎し、豆を充分ふくらませた仕上がりにする。

焙煎度		判定	味の特徴
II	1	×	
	2	×	
	3	×	
III	1	×	
	2	×	渋味が残る。
	3	○	本来の苦味がでてくる。
IV	1	◎	しっかりした苦味がある。
	2	◎	力強く、まろやかでこくのある苦味がある。香ばしい。
	3	○	力強い苦味があり、スッキリしている。

マンデリン

力強い苦味が持ち味。浅煎りでは、粉っぽい味がでて、渋味も強い。中深煎り以上の焙煎でないと、持ち味がいきない。欠点豆が多いので、ハンドピックを必要とする。

焙煎度		判定	味の特徴
II	1	×	渋味が強い。
	2	○	強い酸味と香り。
	3	◎	酸味がやわらいで、甘味がでてくる。香りは強い。
III	1	◎	やや苦味がでて、酸味もおとなしくなる。甘味は強い。
	2	○	酸味をともなった苦味がある。甘味はやや少なくなるが飲みやすい。
	3	×	苦味が鋭くなってくる。
IV	1	×	
	2	×	
	3	×	

グアテマラ・SHB

力強い酸味と香りが持ち味。豆が比較的不揃いで硬いので、やや時間をかけてゆっくり均一に煎り上がるようにする。豆が充分にふくらまないと、渋味がでて、重い酸味になる。

●実際の焙煎を始める前に

家庭で個人が生豆を焙煎するとなると、手網焙煎ということになる。家庭用の小さな焙煎器もあるが、少々値が高い。

ただ、手網焙煎を含めて、家庭での焙煎は、決して推薦できない。誰にでも簡単にできるのであればよいのだが、おそらくは、失敗に失敗を重ねることになると思われる。

また、手網で焙煎する場合、二〇分ほどの時間、たえず網をゆすり続けなければならない。つまり、手間と労力をかけたうえに、失敗する可能性が高いのである。

コーヒーの味をほぼ決めるのは焙煎である。それだけに、焙煎で失敗すると、とんでもないコーヒーができあがる。自分の満足する味を求めるのであれば、自分で焙煎するよりも、コーヒー店を飲み歩いたほうが、はるかにはやいようにも思われる。

なぜ難しいかといえば、焙煎を一つの式で表すこと(マニュアル化)ができないために、自分で技術を会得していかなければならないからである。

豆ごとに硬さが違い、含水量が違う。温度が高ければ豆の水分が蒸発する。湿度が高ければ水分を吸収する。夏と冬では、あきらかに焙煎方法が異なる。火力も、プロパンと都市ガスでは異なるし、明確に火力を示すことができない。できたとしても、家庭でその通り実現することが難しい。しかも、手網焙煎は、手でゆすって煎るわけだから、そこでも個人差があり、数字に表せない部分がある。つまり、あまりにも不確定要素が多すぎる。

焙煎する時点で、豆の状態、その他の条件に応じて焙煎する技術は、経験によって少しずつ身についていくもので、また、勘によるところが大きい。

ただ、手網焙煎を否定するのではない。失敗を重ねること、手間がかかることをいとわなければ、手網焙煎でも、経験を積んでいけば充分焙煎ができる。つまり、方法として欠点があるというのではない。

何よりも、味をつくっていくという創造のおもしろさがある。コーヒーにじっくり取り組み、また楽しむという点では、市販されている焙煎豆でたてるだけよりは、はるかに楽しいだろう。焙煎自体のおもしろさもある。

ただ、ねらった味を常に同じように焙煎できるようにするのが最終的な目標ではあるが、これは、とりあえず念頭におかないほうがよいだろう。むしろ、焙煎するたびに違う味ができるのを楽しむ方向で焙煎をする。そして、次第に豆のくせやこつを身につけ、味の幅を少なくしていくとよいだろう。そのためには、初めから成功させようとしないで、むしろ、豆がどのように変化していくかをつかむことから始めるとよい。

初めは、一つの種類の豆に集中して焙煎するとよいだろう。焙煎するたびに豆を違えると、豆ごとに変化の仕方がまちまちなので、混乱すると思われるからである。

焙煎がやりやすいのは、水分が少なく、柔らかく、粒がそろっている豆である。

ただ、初めて焙煎に取り組むのであれば、コロンビアを勧める。

コロンビアのニュー・クロップは豆が硬く、水分が多いので、決して前述した条件にあてはまらない。しかし、この豆は浅煎りから深煎りまでどのように焙煎してもおいしく飲める。つまり、焙煎度合いによる味の変化がわかりやすく、また豆の変化も見やすい。焙煎の基本になる豆なのである。

●手網焙煎の実際

ここでは、コロンビア・メデリン・スプレモ一〇〇グラムを実際に焙煎したデータを示す。豆の変化に応じて、火力の調節をどうするか、手網をゆする速度はどうするかなどを参考にしてほしい。

ただし、豆の含水量、温度、湿度、火力などによって、焼け具合が異なってくるため、実際にコロンビアで焙煎を始めても、ここで示したデータ通りにはいかないことが多いと思われる。一つの例としての参考にしてほしい(口絵IIIページ参照)。

必要な器具と扱い方

ガス台　都市ガスは、冬の昼食時など火力が落ちることがある。プロパンは、火力は常に一定である。煎り始めると、シルバースキンがとびちるので、ガス台付近は、かなりよごれる。

手網　ギンナンを煎る時に用いる手網ホウロクに構造が似た手網を用いる。コーヒー器具店や金物店で手に入る。通常、ふたをしめて焙煎するとよいのだが、ふたをしめておくと、中の状態が見えにくい。豆が多少とびちるのは覚悟のうえで、ふたをあけて焙煎したほうがよいと思う。

ストップ・ウォッチ　焙煎するたびに、データを記録するほうがよい。そのためにも、豆の変化を時間で追ってゆくとよいだろう。深煎りに近くなってくると、豆は秒単位で変化するので、ストップ・ウォッチを見やすいようにおくとよいだろう。

扇風機　焙煎後、豆を冷却するために用いる。火からはずした状態でも、豆の内部で焙煎が進行するために、それをとめなければならない。そのために急速に冷やす必要がある。急速に冷やすといっても、クーラーの風は、冷たすぎてコーヒーの味が変わるので、さけ

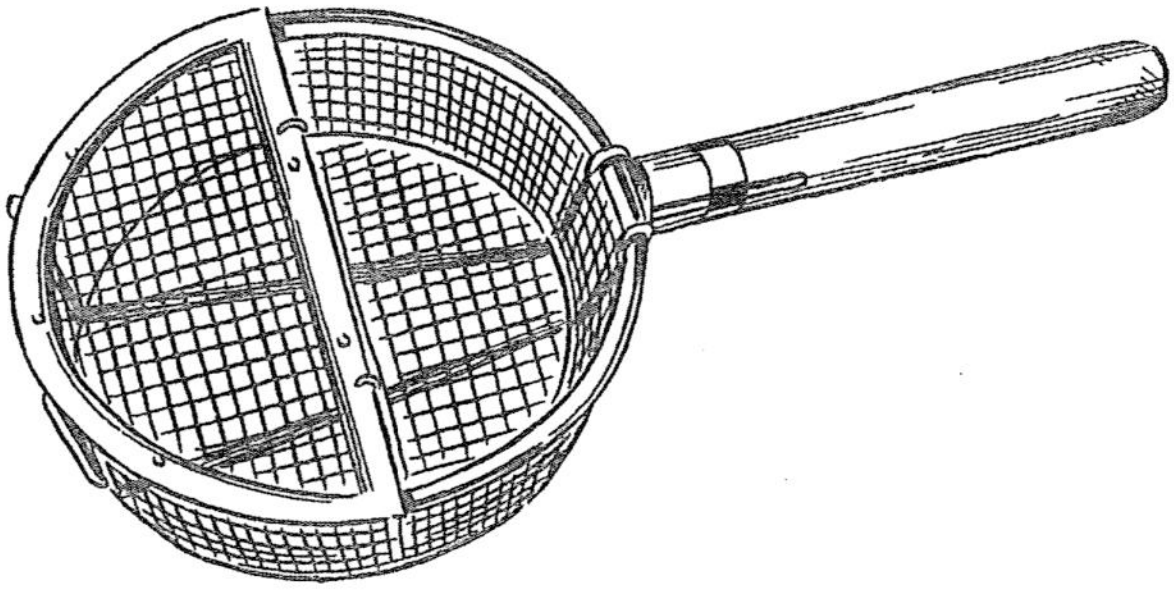

手網

たほうがよい。

実際の手順

ハンドピック　欠点豆、色の異なる豆、極端に粒の大きさの異なる豆を取り除く。これは欠かしてはならない。そして、網に豆を入れる。

点火　中火（ガスの炎の高さは、一五〜六ミリメートルぐらい）にする。ガスの火力は一定にする。手網を上下させて、火との距離で火力を調節する。

煎り方　手網をゆするのは、全体に火がいきわたり、煎りむらがでないようにするため。網を火に近づけるほど、動きを激しくする。つまり、豆にあたる火力が強くなるほど、焦げたり、片面焼けになる可能性が高い。動かし方は、前後を中心にし、時おり左右、あるいは円をかくようにゆする。途中、持ちかえたりはしないほうがよい。焦がさずに、均一に煎り上げることが目的。豆は多少とびちる

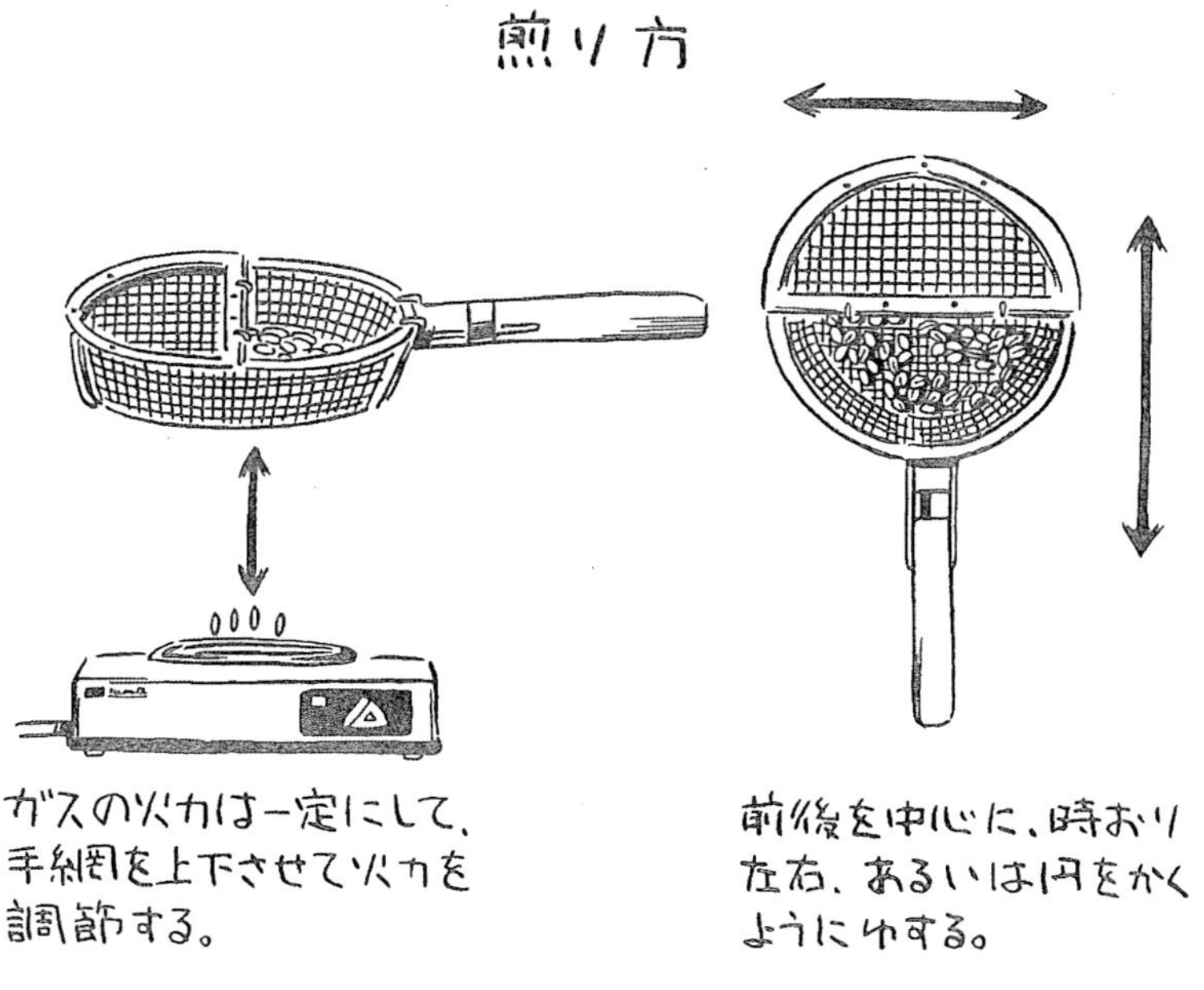
煎り方
ガスの火力は一定にして、
手網を上下させて火力を
調節する。
前後を中心に、時おり
左右、あるいは円をかく
ようにゆする。

が、その豆は網にもどさない。手網をゆする作業がおろそかになる。

スタート　火からの距離は三〇センチメートル。弱火にあたる。網を前後を中心にたえずゆすり続ける。この段階では、激しくゆする必要はない。煎り込んでいるのではなく、豆の水分を抜きやすくするために、豆を温め、柔らかくするのが目的。ここでいきなり強火にすると、水分が抜けないうちに表面が焼けてしまうので注意。ここでは遠火でゆっくりとゆする。ほとんど豆に変化はない。

三分経過　豆が多少ゆるみ、色が白っぽくなってくる。これは、水が抜けている証拠。

五センチメートル手網を下げる。ここから水分を抜きにかかる。ゆすっている音も、やや軽い音に変わってくる。このあたりでシルバースキンがとびちる。また五分たつと、青臭い匂いがしてくる。スタートした時点よりも、網の動きをややはやめる。

六分経過　色がだいぶ白っぽくなり、香りも、青臭い匂いから香ばしいものへ変わってくる。

手網の位置はそのまま、水分をゆっくり抜いている状態。ここから、時間がたつにつれて、豆の色が黄色に近づいてくる。

九分経過　全体が黄色くなる。

五センチメートル手網を下げる。火からの距離二〇センチメートル。この時点から、水分を抜くスピードをはやめる。網の動きもはやめる。青臭さがなくなり、かなり香ばしいコーヒーの香りがたちこめる。豆の色が、黄色から茶色に変わってくる。茶色くなるにしたがって、しわがふえてくる。しわは、水分が抜けたためにできる。

一一分経過　全体が茶色くなる。

五センチメートル手網を下げる。火からの距離一五センチメートル。水分はだいぶ抜けている。この時点で本格的な煎り込みに入る。

つまり、充分に火力をかけて、豆のうま味を引き出す。網の動きをかなりはやめる。

一二分三〇秒経過　第一回目の豆のはぜがはじまる。

手網の位置そのまま。「バチッ」というかなり大きな音をたてて、豆がはぜる。これが断続的に約二分続く。このはぜ始めがシナモン・ロースト。はぜと同時に豆がふくらみ、煙がでる。

一四分経過　第一回目のはぜが終了。

網を五センチメートル上げる。火からの距離二〇センチメートル。この時点でミディアム・ロースト。表面だけが焦げないように、火を遠ざける。

一五分三〇秒経過　全体に茶色が濃くなってくる。

手網の位置そのまま。この時点でハイ・ロースト。

一六分三〇秒経過　二回目のはぜが始まる。

手網の位置そのまま。「ピチピチ」という細かな音がする。一回目の音とはあきらかに異なる。この音は断続的に続く。ここから色のつくスピードがはやまってくる。この時点で、フルシティ・ロースト。また、二回目のはぜが始まる直前がシティ・ロースト。

一七分経過　茶色がだいぶ濃くなってくる。

五センチメートル手網を上げる。火からの距離二五センチメートル。二回目のはぜの音が続いている。ここからは、おだやかに調整する意味での仕上げになる。豆の色も黒みを帯びてくる。

一八分経過　はぜの音が激しくなる。

手網の位置そのまま。この時点でフレンチ・ロースト。色は茶をこえて、全体に黒っぽくなってくる。

二〇分経過　全体が、かなり黒くなる。

手網の位置そのまま。かなりの深煎り。まだイタリアン・ローストまではいっていない。

これ以上の焙煎は必要ない。

冷却　扇風機で冷却。扇風機をねかせ、下から上へ風を送る形にする。その上で手網をゆすって冷やす。約三分で、もとの豆の温度になればよい。

判定　親指と人指し指ではさんでつぶしてみる。おおまかに、数片に割れるのがちょうどよい。それ以上に細かくなるのは、中が煎れすぎている。また、つぶれなかったり、つぶれにくいのは、中が煎れていない。

豆の外側の色と、内部の色が、まったく同じであればよく、また、口に含んでみて、いやな渋味やえぐ味がなければよい。

四八時間放置　焙煎した豆は、四八時間放置して、炭酸ガスを抜く必要がある。このガスを抜かないうちは、ガスの影響で味が落ち着かない。煎りたての豆がよいとよくいうが、まさに煎ってすぐというのは、実はコーヒーの味は悪い。

手網焙煎のまとめ

以上、実際の焙煎のデータを示したが、これをまとめると次のようになる。

最初のむらし（弱火）　豆を温めて、水分を抜きやすくする。

水分抜き（中火）　適度に火力をかけ、充分に水分を抜きとる。ここまでに時間をかけることが大切。

本煎り（強火）　充分に火力をかけ、豆のうま味を引き出す。

仕上げ（弱火）　煎りむらをそろえ、豆を熟成させる意味での調整。酸味から苦味への移行をおだやかにし、余分な酸味や雑な苦味をださないようにする。この仕上げは、ゆるやかに行う。

焙煎は、この四つの段階に分けられる。

実際の焙煎時間は、焙煎する時の条件によって一定しない。したがって、時間を軸にするのではなく、豆の変化を軸に焙煎する。

焙煎した豆の保存

焙煎豆の保存は、生豆よりも神経を使う。特に深く煎り込んだ豆は、それだけ湿気を吸いやすいので注意をする。密封して、冷凍庫で保存するのが最もよい。そして、使うたびに、必要量を取り出し、そのままグラインドする。深煎りで二週間、浅煎りで四週間は風味を落とさずに保存できる。

●焙煎豆を買う場合

よく売れている店から買うのがよい。回転のはやい店ほど、新鮮な豆が手に入ると考えてよい。古い焙煎豆は、どのようにたてても おいしくはならないので、この点には神経を使いたい。また、よく売れるということは、立地条件や値段もあるかもしれないが、適切な焙煎が行われているから、つまり、味がよいからというケースも考えられる。このような店をはやく見つけることである。

また、生豆を買う時と同様に、飲んでみておいしいと思う自家焙煎を行っているコーヒー店で求めるのもよい方法である。良心的な店であれば、ほぼ毎日焙煎していると思われるし、その店独自の味が込められているであろう。営業用に使用されるのとほぼ同じ状態で手に入るのもメリットといえる。

焙煎豆を買う時に注意することは、大量に買わないこと。保存できるとしても、いずれ風味が落ちるので、こまめに買ったほうが豆の鮮度がよい。

また、売られている豆のストッカーの内部がきれいに掃除されているかどうかを見ることも大切。古い豆のオイルがついていたりすると、商品に匂いが移る。また、豆が直射日光にあたっているようであれば、豆は傷んでいるので注意。

ブレンド

●ブレンドとは

コーヒーをある種類のストレートで飲んで、その豆の持ち味に充分に満足できれば、そのストレートを飲めばよいから、コーヒー豆をブレンド（配合）する必要はない。

ただ、ある種類の豆をのぞいては、豆にそれほどの力、持ち味がなく、どこか深みにかけたり、ある味が強すぎたりする。したがって、飲んでみて、物足りなく思ったり、不満が多いのが事実である。

そこで、その物足りなさを補い、不満を解消するために、いくつかの豆をブレンドする。そして、厚味のあるバランスのとれた味をつくっていく。これがブレンドである。

したがって、ブレンドは、無造作に豆をまぜあわせることではない。

仮に品質がすぐれているからといって、それらの豆をミックスしたところで、おいしいコーヒーができるとは決していえない。

ねらい通りの味をつくっていくのがブレンドの醍醐味であって、ブレンドの味は、本来偶然にできるのではなく、計算されてできる味である。いわば、経験と勘によって、試行錯誤のすえにできるものなのである。

この味をつくっていく発想も、つくり方も、画家がパレットの上で絵の具をまぜあわせて色をつくっていくのと、まったく同じである。

たとえば、緑色に、さらに深みがほしいとする。青を加える。さらに違った深みがほしいとすれば、他の色を加え、イメージ通りの色にしていく。これと同じである。

つまり、ブレンドをしていくには、次の三つのことが必要になる。

一つは、味をつくっていく以上、どのような味をつくるのか、そのイメージができていなくてはならない。つまり、自分はどのようなコーヒーを飲みたいのか、ということである。

もう一つは、イメージした味を、ある計算の上につくっていくのであるから、ブレンドしていく豆には、必ず何らかの役割があるのである。たとえば、柔らかい苦味の役割、シャープな酸味の役割、香りの役割などである。これらの役割がトータルされて、ねらった味がつくられていくのであるから、その役割を明確にする必要がある。

最後に、各々の豆の役割を決定するためにも、それぞれの豆の味を知悉していなければならない点があげられる。つまり、どの豆をどの程度焙煎すれば、どのような味になるのか、である。これは、一種類一種類の豆を、焙煎度を違えて飲んで、味を覚えていくしかない。それを積み重ねていくうちに、ブレンドの方程式の基礎ができあがっていくのである。それには、的確な焙煎を行う技術を持っていることはいうまでもなく、それぞれの味を判別する舌ができていなくてはならない。これも、訓練以外に方法はないのである。

●ブレンド方法の基礎

ベースを決める

ブレンドの方法として、最も基礎になるのは、まず「ベース」を決めることである。

つまり、自分の最も好きな味を、ブレンドコーヒーの味のベースとして決めて、そこに他の豆の味を「アクセント」として加えていく。ベースには五〇～六〇パーセントの割合をおく。

ベースのとり方は、おおまかにいって、酸味、苦味、両者のバランスのとれた味が考えられる。

酸味についてさらに細かくいえば、軽い酸味、シャープな酸味、マイルドな酸味など様様にある。そこから、各人が好みの味を決めるのである。そして、そこに、若干の苦味、あるいは香りを加えていく。ベースに対してのアクセントであるから、配合の比率は一対一という配合率ではなく、五対三対二というような配合率になるのである。

豆の組み合わせの原則

豆の組み合わせについて、おおまかな原則をいえば、似た味の豆は組み合わせないことが大切である。つまり、それは味がぶつかると考える。

酸味が好きだからといって、配合するすべての豆に、酸味に特徴のある豆を持ってきても決して成功しない。味がしつこくなるばかりである。要は、いかにバランスのとれた味をつくるかである。

使用する豆の種類

特に、初めてブレンドに取り組むのであれば、そう何種類もの豆は必要ない。最も身近な豆で、充分にバランスのとれた味をつくることができる。コロンビア、ブラジル、モカ、マンデリン、グアテマラ、の五種類もあれば、充分すぎるほどである。それぞれの豆について、焙煎を少しずつ変えていけば、それこそ、無限の組み合わせができるのである。

ブレンドの実際

ブレンドとは、自分の好みの味をつくっていくことであるから、本来マニュアル化はできない。

味をさがしていくおおまかな方法としては、仮に、A、B、Cの三種類の豆を使うとして、まず配合率を一定にし、焙煎度を変えていく方法、逆に焙煎度を一定にし、配合率を変えていく方法などがある。

いずれにしても、そのつど味を吟味して、

試行錯誤を繰り返すしかない。ただ、記録をとっていくことは大事なことであろう。過去のデータが思わぬことで役に立たないとも限らないのである。

●ブレンドの焙煎

役割に応じた焙煎

前述したように、配合する豆にはそれぞれ役割がある。そして、その役割をはたすための的確な焙煎が必要になってくる。つまり、ねらった味をつくるためには、豆の選定のみならず、どの程度焙煎するかが重要なポイントになる。

ストレートで飲む時の焙煎は、その持ち味、つまり個性を引き出すことがポイントになる。ブレンドする時には、それぞれの役割を明確にすることが目的である。したがって、必要な味だけを取り出し、余分な味がでないようにしなければならない。

具体的にいえば、焙煎によって、苦味だけを取り出す、酸味だけを取り出すという具合である。したがって、同じ種類の豆でも、ストレートで飲む時と、ブレンドで飲む時とでは、焙煎度が違うことが、おおいにありうるのである。

また、ストレート用の焙煎では、うま味を充分に引き出せば、味の欠点は目立たないが、ブレンド用の焙煎では、余計な味が残っていると、配合した時に重なりあって、味としては、ねらいからはずれる。つまり、それだけ焙煎技術が要求されるのである。

いずれにしても、どの豆をどのように焙煎すれば、どのような味になるかを知ることが必要になってくる（七一～三ページ表参照）。

実際にブレンドをしていく前に試してほしいのが、コロンビアを、焙煎度を変えて組み合わせるブレンドである。つまり、コロンビアの深煎り一に対し、コロンビアの浅煎りを

○・五ミックスする。これは、何と呼ぶべきであろうか。コロンビアブレンド？　コロンビアのストレートブレンド？　あるいは、コロンビアのストレートブレンド？

いずれにしても、実においしいコロンビアができあがる。要するに苦味を主体としたブレンドである。単品で飲むよりは、このほうがうんと深みもあり、味としてもおもしろい。ブレンドの基礎を理解するうえでも、試してみてほしい。

ミックス焙煎と単独焙煎

ブレンド用の豆を焙煎する場合に、数種の豆を同時にミックスして焙煎するミックス焙煎と、それぞれの豆を、それぞれ別々に焙煎する単独焙煎がある。ミックス焙煎は、大きさのほぼ同じ豆、硬さのほぼ同じ豆を選んで一緒に焙煎することであるが、充分な知識と技術が要求され、難しい。手間はかかるとしても、それぞれの豆を別々に焙煎したほうがよいであろう。

●ブレンドを楽しむために

厳密にいえば、ブレンドとは、味において最もバランスのとれた、いわば完成されたコーヒーである。たて方の問題はあるが、常に同じ味で存在していなければならない。つまり、コーヒーの経験と勘と技術の結晶といえるのである。

ただ、家庭でコーヒーを楽しむ場合、初めからこのように考えたのではとてもやりきれない。

むしろ、違う豆を加えると味が変わる、同じ配合率でも焙煎度を変えると味が変わるという味の変化を楽しむところからスタートし、少しずつ自分の味をさぐり、確立していけばよい。ある時、腰が抜けるほどおいしいコーヒーができるかもしれない。誰しも、その可能性を持っているのである。

●ブレンドにむかない豆

コーヒー豆にはたくさんの種類がある。その中で、ブレンドには使わないほうがよい豆、すなわち、ストレートで飲むのが最もおいしい豆が二種類ある。ブルーマウンテン、そしてタンザニアＡＡ（キリマンジャロ）である。

ブルーマウンテンは、酸味も苦味も非常に気品があり、繊細である。この豆をブレンドに使うと、他の豆の力強さに負けて、持ち味が簡単に失われてしまうのである。

タンザニアＡＡは、大変に香りがよく、豊潤で、かつシャープな酸味を有している。ただ、この酸味は非常に強い。この酸味をいかすには、やはり、ストレートで飲むのが一番おいしいのである。

●配合例

最後に、酸味を主としたブレンド、苦味を主としたブレンド、中庸の味を主としたブレンドの配合例を示す。

ただ、この通りに配合したとしても、必ずしもおいしいコーヒーになるとは限らないのである。というのは、各人、好みがまちまちであることもあるが、問題は焙煎度である。深煎り、中煎りと指示しても、前述したように、明確な規定ができないのである。深煎りと一口にいっても、そのイメージは十人十色といってもいいほどである。したがって、ここでの例は、絶対のものといえない。各人が味をさぐっていくうえでの、一つの「方向性」として参考にしてほしい。

配　合　例

●酸味をいかすブレンド

スッキリした酸味と、甘味があり、香りを楽しむコーヒー。アメリカンタイプで、モーニングコーヒー向き。

コーヒー名	焙煎度	配合率	味の特徴
コロンビア	III－1	2	甘味とまろやかな酸味
ブラジル	II－3	2	柔らかい酸味
グアテマラ	II－2	1	力強い酸味と香り

●酸味と苦味のバランスのとれたブレンド

苦味も酸味も柔らかく、甘く芳ばしい香りを楽しむコーヒー。コーヒーブレイク向き。

コーヒー名	焙煎度	配合率	味の特徴
ブラジル	III－3	6	ほのかな苦味と香ばしさ
グアテマラ	III－1	4	おとなしい酸味と甘味

●苦味をいかすブレンド

こくのある力強い苦味と、後味の芳ばしさを持ったコーヒー。食後のコーヒー向き。

コーヒー名	焙煎度	配合率	味の特徴
コロンビア	IV－2	2	こくのある苦味
ブラジル	IV－1	2	柔らかい苦味
マンデリン	IV－2	1	香ばしく力強い苦味

焙煎度については、68ページの表参照。

グラインド

生豆を焙煎したあとは、グラインド（粉砕）である。つまり、豆を挽いて、粉の状態にするのである。

●均一な粉砕

豆を挽くには、ミルを用いるが、グラインドに関して大事なことは、粉砕された粉にむらがないことである。つまり、できるだけ粒がそろっていることが理想である。

粒がそろっていないと、抽出する際に、均一に湯を通すことができず、均一なコーヒー液を抽出できない。

ただ、どのようなミルを用いても、まったく均一に挽くことはできない。多少の挽きむらは必ずでる。それはやむをえない。

挽きむらについて問題になるのは、粒の大きさが二倍以上も異なる場合である。これは、ミルの刃が磨耗していると考えられるので、刃を交換しなくてはならない。欠陥品ではない新品であれば、そのような問題はおこらない。

●ミルの種類

ミルには、まず豆を数片にカットしてから粉にすりつぶすカット式、始めからすりこぎ式になっているグラインド式がある。両者に、さほど優劣はない。

また、電動式と手動式があるが、これもどちらがいいとはいえない。ミルの優劣は種類ではなく、刃の材質の強度である。要するに、極端な挽きむらがでないことが大事である。

ただ、プロペラ式の電動ミルは推薦できない。これは、プロペラになっている刃が高速で回転して豆を粉砕するしくみになっているが、プロペラの外側付近では粒が細かく、中心付近では荒くなり、その度合いが大きい。細挽きになるにつれて、それが顕著になり、極端な挽きむらがでる。

●粒の大きさ

どのミルも、粒の大きさを調節できるようになっているので、飲みたいコーヒーに合わせてグラインドする。

粒の大きさには、おおまかにいって、荒挽き、中挽き、細挽きとある。その目安は、中挽きを、グラニュー糖の粒の大きさと同じとする。したがって、それよりも大きければ荒挽き、細かければ細挽きと判断する（口絵IIページ参照）。

●飲む直前に挽く

コーヒーをたてる直前に、必要量だけを挽くことが大事なことである。

粉にすると、それだけ表面積がふえ、湿気を吸いやすい。この粉の状態で保存すると、風味がたちまち失われる。また、粉にすると、豆の内部の炭酸ガスが抜けてしまう。そのために、ドリップ方式で抽出する際には、湯をさしてもまったくふくらまなくなる。これは、じょうずにコーヒーを抽出するのが難しい。

このような点からも、必ず飲む直前に挽き、「挽きだめ」をしないようにしたい。

●ミルの手入れ

挽く直前には、ミルの掃除をしたい。前回挽いた挽きかすや微粉、シルバースキンがミルの内部に残っていることがあるので、それを取り除く。

特に、シルバースキンは、コーヒーの味を渋くする。挽きかすや微粉は、湿気を含んでいることがあるし、また、豆の種類を前回と違えた場合に、他の味がまじる結果になる。

いずれにしても、器具を清潔にたもつことは、おいしいコーヒーをいれるためには不可欠なことであるので、ミルについても決して例外ではない。

●摩擦熱

挽いた粉が、熱を持っている場合がある。つまり、摩擦熱を持っている。この熱が、豆の成分に悪影響を与え、味が変わる。

これは、刃の状態が悪いか、連続して大量にグラインドした場合におこりうるが、後者のケースは、家庭ではまずないだろう。

刃がよく切れて、豆をカットしていれば、熱は持ちにくい。粉が熱を持っているかどうかは、手で触れてみれば、すぐにわかる。

抽出(1)——ネル・ドリップ

●抽出とは

抽出は、グラインドしたコーヒーの粉に湯を通してコーヒー液を得る、コーヒーをつくるうえでの最後の過程である。

自分のねらった味を抽出するには、コーヒーの味を悪くする成分をださずに、よい成分だけを取り出さなくてはならない。そのためには、様々な条件が必要で、なにか一つつくっても、それは微妙に味に反映される。

抽出は、ポイントを押さえれば、それほど難しいものではない。ただ、常に一定の味をだすには、どうしても経験を必要とする。

逆にいえば、初めのうちは、同じ豆を同じように抽出したつもりでも、ある時は水っぽく、ある時は渋くという具合に、いつも味が違う。それはやむをえないことで、そうした経験を重ねて、抽出のタイミング、技術を会得し、イメージ通りのねらった味がだせるようになってくる。

●ネル・ドリップのよさ

コーヒーの抽出方法には様々あるが、ネル・ドリップ——ネルのこし袋に粉を入れ、上から湯を通して液を抽出する方法——が、コーヒーの味を最優先に考えた場合に、最良の方法と考える。

というのは、コーヒーの様々な味——苦味の強い、酸味の強い、濃い、薄いなど——すべてに、ネル・ドリップが対応できるからである。

サイフォンは、濃いコーヒーをたてるにはむかない。ペーパー・ドリップは、原理的にはネル・ドリップと同じではあるが、多人数分をたてる際に、時間がかかりすぎて味がくるう。

現在、営業でも家庭でも、ネル・ドリップはあまり使われていないが、これは、ネル・フィルターを洗う手間がきらわれるためである。味が劣るのではない。

たしかに、ペーパー・ドリップは手間がかからない。しかし、じっくりとコーヒーに取り組むのであれば、ネル・ドリップ独特のおもしろさもあって、コーヒーをより楽しむことができると思われる。

●必要な器具と扱い方

ネル・フィルター　形は、おだやかな放物線を描いているのがよい。大きさは、粉を入れた時に、半分以上の余裕があればよい。というのは、それ以上に余裕がないと、湯をさした時にふくらんだ粉が、フィルターの外にはみだしてこぼれるおそれがあるためである。

起毛は、フィルターの外側にあるのを選ぶ。起毛が内側にあると、微粉がからんで目づまりをおこしやすい。

また、布地は、バイアス裁ちになっていないものを選ぶ。これも、目づまりをおこさないようにするため。

初めて使用する時は、使用済みのコーヒー粉とともに、熱湯で五、六分たきだしてから使用する。消毒するためと、ネルをコーヒーになじませるため。

使用する時は、よく水で洗う。そして、ネルの部分をにぎり、柄をまわしてしぼって水をきる。ただ、あまり力を入れて柄をまわすと、布の目がくるうので注意する。

ネルを両手ではさみ、押さえつけるようにして水をしぼりとってもよい。布が軽くしめっている程度がよい。

使い終わったら、粉をすて、粉のついたほうを外側にして、よく水で洗う。布の外側、

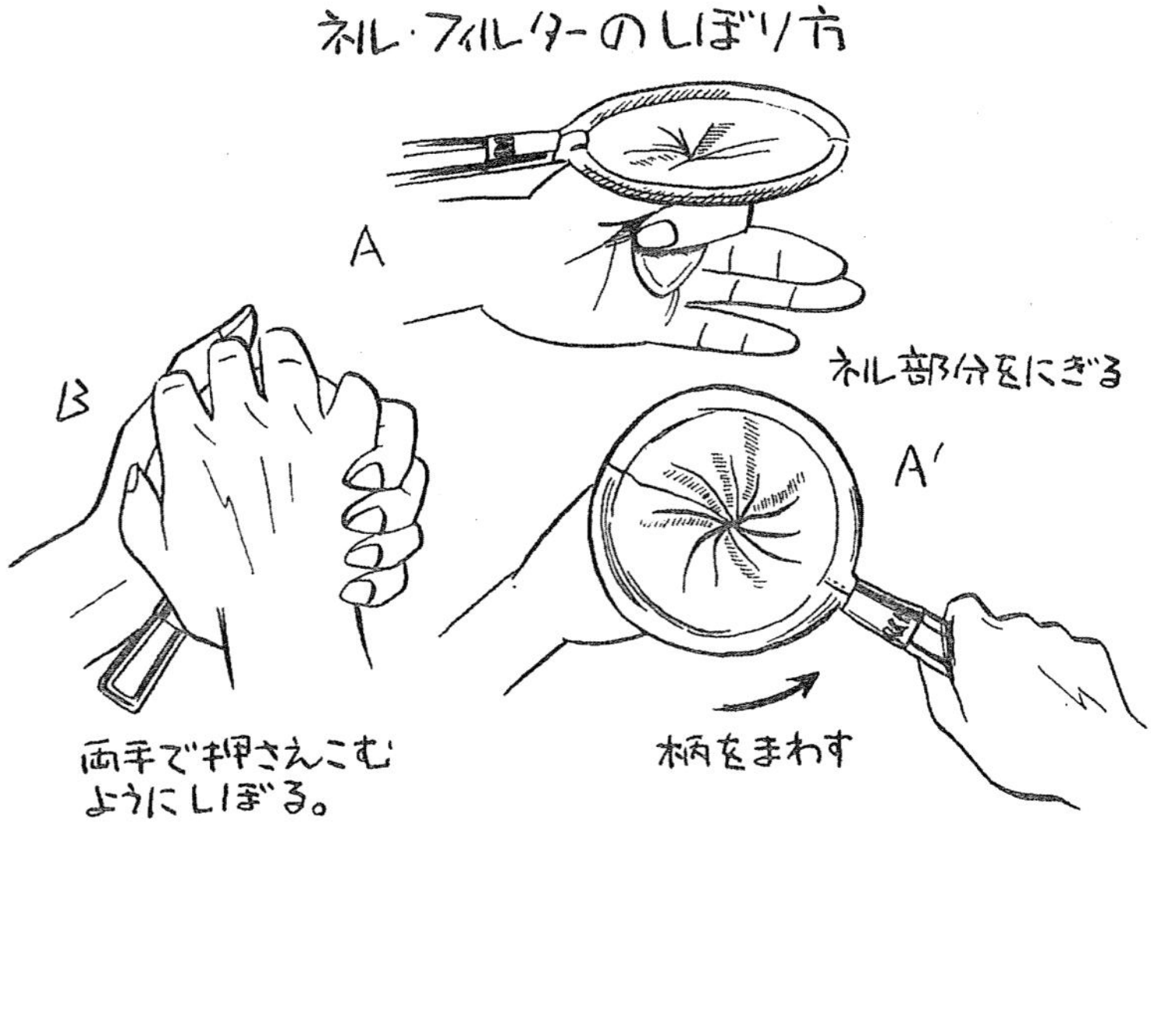

内側を交互に洗い、使用する時と同じようにしぼる。

洗剤は決して使用しない。いくら水でススいでも、洗剤が匂いとともに残り、コーヒーの味を大きく変える。必ず、水だけで洗う。

そして、布全体を水に浸して保管する。これは、布を乾燥させないため。乾燥させると、布に付着しているコーヒーの脂肪分が酸化し、悪臭を放つ。味にも影響がでる。

ポット 湯を注ぐ時に用いる。コーヒーをおいしくたてるための一つのポイントは、注湯の仕方にある。無造作に、あるいは乱暴に湯を注いだのでは、決しておいしいコーヒーにはならない。

あくまでも、細く、静かに、湯を粉の上にのせるようなつもりで注湯しなければならない。つまり、注湯の量を、自在にコントロールし、微調整できなければならない。

そのために、口先ができるだけ細く長いポットが必要になる。口先が細ければ、それだけ細く注ぎやすい。口先が長いほうがよいのは、ポットの口先をできるだけ粉に近づけるため。高いところから湯を落とすと、湯にいきおいがでて、粉を散らすことになる。

したがって、注湯をする時は、ポットを用いて、やかんを用いないようにする。やかんは、口先が太く短い。構造上コーヒーの抽出にはむいていない。これで注湯の量を微調整しようとしても非常に難しい。

やかんは、水を沸騰させるためにだけ用い、沸騰した湯をポットに移して注湯する。

ポットを用いたとしても、初めのうちは、湯が口先からとびだすようにしてでたり、湯量の加減もぎくしゃくして、スムースな注湯ができない。これは、不慣れなためもあれば、ポットの持ち方が原因の場合もある。

ポットの取っ手をにぎりしめ、腕にも力が入ると、湯量を調整することが難しくなってくる。ポットの取っ手に、軽く人指し指と中指をかけ、親指、薬指を取っ手に添えるようにして持つとよい。腕も縮めないで、ゆったりとして持つ。そして、ポットの重みを利用して注湯することがポイントになる。そうすると、注湯の加減、調整もスムースにできる。

ビーカー　抽出された液をうける。コーヒーカップに直接落とすと、コーヒー液を温めることができない。

ビーカーには、抽出量の目盛がついているのがある。くわしくは後述するが、どのようなコーヒーをたてるかによって、一人分の抽出量が異なってくるので、目盛は目安程度にする。そのためにも、その目盛が何ccを示しているかを知っておいたほうがよいだろう。

温度計　注湯する時の湯温を計る。沸騰した湯でも、ポットに移すとかなり温度が下がる。何度の湯で注湯するかは大切なポイントなので、そのつど湯温をチェックしたい。

コーヒー器具の材質と水　コーヒー器具の材質は、どの器具でも、ガラス、ステンレス、ほうろう以外は使用しない。アルミニウム、真鍮は厳禁。というのは、水質に悪影響を与え、それがコーヒーの味を悪くするため。

瞬間湯沸かし器は、銅管の中を水が通るの

で、使わない。また、一部の浄水器に水質を大きく変えるものがあるので、注意が必要である。

水についていえば、そのつど水道の水をくみ、充分に沸騰させることが必要である。これはカルキ臭さを抜くため。魔法瓶の湯をそのまま使ったり、沸かし直して使ってはならない。くんでから時間のたった水も使わない。

充分に沸騰させるといっても、沸騰させている時間は二、三分。それ以上沸騰し続けると、水の中の酸素が抜け、コーヒーに力を感じさせなくする。一〇分以上も沸騰させた場合には水道の水を加え、再度沸騰させて使う。

●コーヒーのたて方の原則

一口にコーヒーをたてるといっても、どのようなコーヒーをたてるかによって、その方法は異なってくる。したがって、自分が飲みたいコーヒーの味はどんな味であるかを、まずイメージできていなくてはならない。

そのイメージがあって、初めて豆の種類と焙煎度が決まる。それによって、粉の量、粉の粒の大きさ、湯の温度、抽出にかかる時間、一人前のできあがり量が決まってくる。

つまり、豆の種類とその焙煎度に応じてたて方の方法を変えていかないと、その豆の持ち味を引き出すことができないのである。

ここでは、(A)酸味をいかすコーヒー、(B)苦味をいかすコーヒー、(C)中庸のコーヒー、の三種類のコーヒーのたて方について考えてみよう。

(A)酸味をいかすコーヒー

一般に、酸味を持ち味とする豆は、浅煎りにする。浅煎りの豆は、火にかけている時間が短いので、細胞が硬い。そのために、抽出する時の湯の温度が低いと、豆のうま味が抽出されにくい。したがって、浅煎りの豆は、温度の高い湯で抽出しなければならない。

ただ、湯温が高いと、コーヒーの味を悪くする成分が抽出されやすい。つまり、渋味やえぐ味のあるコーヒーができやすい。したがって、時間をかけずに、はやく抽出することで、そのような成分をださないようにしなければならない。そのためには、粉を荒挽きにして、かつ少量にする必要がある。

高温でさっと抽出したコーヒーは、大変香りがよく、酸味を持ち味とするコーヒーは、このようにして抽出するとおいしい。

(B)苦味をいかすコーヒー

コーヒー豆は、煎り込むほど苦味がでる。苦味を持ち味とする豆は、深く煎ってそれを引き出さなければならない。

ただ、煎りが深くなるほど、長時間火にかけていることになり、豆の細胞がもろくなっている。そのために、コーヒーの味を悪くする成分が抽出されやすい。だから、抽出する時の湯の温度を低くしなければならない。

ところが、湯温が低いと、豆のうま味を引き出しにくい。そこで、粉を細かくグラインドし、粉の量を多くする。そして、少し時間をかけて抽出する。

良質な苦味というのは、苦味の中にも甘味が感じられて、まろやかなものである。荒挽きにしてはやく抽出すると、そうした豆の持ち味をころし、こくのないコーヒーになってしまう。苦味のコーヒーを薄くつくるには、濃く抽出したものを、湯で薄めたほうがよい。

低い湯温でじっくりと抽出した苦味のコーヒーは、香ばしい。これが、コーヒーの重厚さとともに、苦味のコーヒーの特徴である。

(C)中庸のコーヒー

酸味と苦味が同時に感じられ、いわば、バランスのとれたコーヒーといえる。

抽出の条件は、(A)と(B)の中間と考える。つまり、焙煎は中煎りにして、ほどほどの酸味と苦味をだす。グラインドは中挽き、粉の量、湯の温度も中間と考える。

以上のことを整理すると、次のようになる。

それぞれのコーヒーは、抽出温度にそれぞれ適温を持っている。適温とは、コーヒーのうま味を引き出す温度、あるいはコーヒーの味を悪くする成分（渋味・えぐ味）をださない温度と考える。この渋味とえぐ味は、高い湯温で、時間をかけて抽出するとでやすい。したがって、渋味・えぐ味がでるでないは、湯温と抽出時間に密接な関係がある。

酸味のコーヒーは、適温が高い。したがって、荒挽きで時間をかけずに抽出する。つまり、抽出時間を粒の粒度で調整する。

苦味のコーヒーは、適温が低い。うま味を引き出すために、細挽きで時間をかけて抽出する。

中庸のコーヒーは、両者の中間と考える。

具体的な数字をつけて、以上のことを一覧表にすると、次のようになる。

	酸味のコーヒー			中庸のコーヒー	苦味のコーヒー
コーヒー名	キリマンジャロ	ブルーマウンテン	モカ	コロンビア ブラジル	マンデリン
焙煎度	II－1	II－2	II－3	III－2	IV－1、2
粉の粒度	荒挽き	荒挽き	やや荒挽き	中挽き	細挽き
粉の量	12 g	14 g	14 g	15 g	17 g
抽出時間	2分	2分	2分	3分	3分30秒
湯温	90℃±2℃	90℃±2℃	90℃±2℃	83℃±2℃	80℃±2℃
できあがり量	130cc	100cc	100cc	120cc	100cc
むらし時間	30秒	30秒	30秒	45秒	1分

・焙煎度については、68ページの表参照。
・粉の量は、1人分。3人分以上をたてる時は、1人分につき15％～20％粉の量をへらす。
・できあがり量は1人分。
・むらし時間については、101ページ参照。

●実際の抽出

注湯を始める前に

ネル・ドリップで抽出する時は、こし袋を手に持つか、あるいはビーカーにセットする。ただし、こし袋の側面が直接ビーカーに触れると、その部分から液が浸みだすので、適切な抽出ができなくなる。その場合は、大きめのビーカーを用意するか、アダプターをセットする。

ネルに、必要量の粉を入れる。ネルを軽くふって表面を平らにし、中央に浅くくぼみをつける。その大きさは、ネルの直径の約半分の直径の円になる。

くぼみをつくるのは、そこに湯をため、湯をより全体に浸み込みやすくするため。ただし、スプーンなどで押さえつけてつくらないようにする。そうすると、その部分が硬くなり、湯が浸みわたりにくくなる。中心から、スプーンで軽くかきよせるようにしてつくるとよい。

一回目の注湯

ポットの先を、できるだけくぼみの中心に近づける。そして、湯を、静かに、細く、粉にのせるようにくぼみの中心に注ぐ。

湯の細さをくずさないように、くぼみの中心から「の」の字をかいて、うずまき状に外へむかい、くぼみのふちへ達し、またうずまき状に中心にもどって終了。

くぼみの外へは湯を注がない。したがって、粉の表面に湯のかかっていないところがあるが、粉は湯を少しずつ吸収しながらふくらみ始め、それがやがて表面をおおって、粉全体に湯がいきわたるようになる（口絵Ⅳページ参照）。

この注湯は、コーヒー液を抽出するためではなくて、粉全体に湯を浸み込ませるためである。したがって、注湯する量は、全体の抽出量の一五パーセント程度。それ以上の湯を注ぐと、液が抽出されてしまう。つまり、粉全体に浸み込む量が、一回目の注湯量。

また、湯量が適切でも、液が抽出されてしまう場合があるので、注ぐ際は、ていねいに、決して乱雑にならないようにする。湯をのせるという感覚が大切である。

この状態では、ネルの側面が茶色く染み、下へは、一、二滴落ちる程度である（口絵Vページ参照）。

注湯のリズムをはやくつかむことが大切である。適量を注ぐのに、どの程度の速度で、どの程度の湯の太さで、どの程度のうずまきをかくかをつかみ、一定させたほうが抽出が安定する。

湯を注ぐとすぐ、粉が徐々に山なりにふくらんでくる。粉がふくらむのは、炭酸ガスが湯で熱せられて膨張するためである。よくふくらむ粉ほど新鮮であるといえる。グラインドしてから時間がたった粉は、ガスをすでに放出しているので、ふくらみ方がにぶい。

また、湯が熱すぎると、ふくらみ方のスピードがはやく、時として、ガスが外へふきだし、そのまま粉が陥没したり、中で空洞になったりする。このような場合は、もう一度初めからやり直さなければならない。

逆に、湯温が低いと、ふくらみ方はゆるやかである。

つまり、湯温が適温であるかどうかを、粉のふくらみ方で判断できる。

むらし

一回目の注湯が終わってから、粉が湯を吸って徐々にふくらみ始めるが、それが終わるまでしばらくそのまま放置する。これが「むらし」である。

コーヒーのいい成分は、二回目の注湯の時に、ほぼ抽出される。したがって、それを充分に行わなければならない。つまり、粉に湯を浸みわたらせ、むらすことで、粉の細胞を広げ、うま味が抽出されやすい状態にするのである。

すなわち、むらしとは、二回目の注湯の時に充分なうま味を抽出するための準備期間と考える。この時間をとることで、初めてこくのあるコーヒーができる。

むらしの時間は、九九ページの表に示したが、その時間放置すればいいというのとは、少し意味が違う。

注湯が終わってからも、粉はふくらみ続ける。むらしの時間というのは、そのふくらみが最大になるまでの時間と関係がある。

酸味のコーヒーでいえば、適温で注湯すれば、注湯を終えてから、ふくらみが最大になるまで三〇秒を要し、その間むらしているのである。つまり、二回目の注湯が始まるのは、ふくらみが最大になった瞬間である。

苦味のコーヒーでいえば、注湯の湯温が低いために、ふくらみ方のスピードが遅い。そのために、ふくらみが最大になるまでは、酸味のコーヒーよりも時間を要するが、最大になってから、さらに二〇秒ぐらいそのまま放置し、むらし時間を一分とする。つまり、煎りが深くなるにつれて、むらしの時間を長くとることになる。

二回目の注湯

一回目と同様に、ポットの先を、できるだけふくらみの中心に近づける。そして、静かに、細く、のせるように注ぐ。

二回目以降は、ふくらみの中心付近で、小さな円を二、三回えがきながら徐々に湯をふやし、細かい泡がたくさんでるようにする。

そして、やはり、うずまき状に外にむかい、くぼみのふちをこえないで、再び中心にむかってうずまき状にもどって終了。

この時の注湯量は、全体の抽出液の二五パーセント。湯を落とすスピードは、一回目よりも若干はやい。注湯を始めてからまもなく、まっ黒なコーヒーのエキスが抽出される。

二回目の注湯では、泡がたくさんでる。細かい泡が薄茶色ででるのが最高である。泡が荒いのは、湯温が高すぎるため。泡が少ないのは、湯温が低いか、粉が古いかどちらかである。

泡のふちを追い込むように、つまり、泡のもりあがってでてくるところをねらって、細く、ゆっくり、ていねいに湯をさしていく。そして、一回目の注湯が終わった時の粉のラインよりも、少し上になるまで湯をさし続ける。その際、泡のもりあがりの形をくずさないように注意する。適正な注湯をすると、山なりに、きれいにもりあがる（口絵VIページ参照）。

二回目の注湯を終えると、山なりにふくらんだ粉は、次第に中央部分がへこんでくる。

そのまま放置しておくと、完全に中央が陥没するが、そうなる前に、つまり、中央部分が、ややまわりよりもへこんだ時点で三回目の注湯になる。

三回目の注湯

注湯の仕方は、二回目までと同じ。注ぎ始めは、二回目と同様に、中心付近で小さな円をかいて細かい泡をだし、泡のもりあがりを誘う。

うずまき状に中心から外へむかい、うずまき状に中心にもどって終了。ネルのふちから二センチメートルぐらいのところへは湯を注がない。

注湯量は全体の抽出液の三五パーセント。泡の色は、さらに薄くなってくる。もとの粉のラインより上になるまで、湯を注ぐ。そして、二回目と同じように、中央部分がへこんできたら、四回目の注湯。

四回目の注湯

注ぎ方は、三回目とほぼ同じ。必ず、中心

に始まり、中心に終わる。ネルのふちに近い部分へは湯を注がない。

注湯量は、全抽出液量の四五パーセント。
注湯量は、注湯するたびに、ふえてくる。
ただ四回目は、注湯量の半分は、ネルの中に残してこし袋をビーカーからはずす。

泡の色はさらに薄くなり、ほぼ白色である。この泡には、あく、その他の不純物が付着しているので、この泡を消さないように、上に浮かせておくことが大切である。したがって、泡が上に浮いている状態で、こし袋をはずし、泡を下へ落とさないようにしなければならない。荒っぽい、表面をたたくような注ぎ方をすると、泡が消えて、不純物がコーヒー液に混入するので注意。

注湯の注意点

一か所に湯をさし続けると、均一な抽出に差しつかえるだけではなく、その部分が高い温度になり、味を悪くする成分が抽出される。

抽出手順

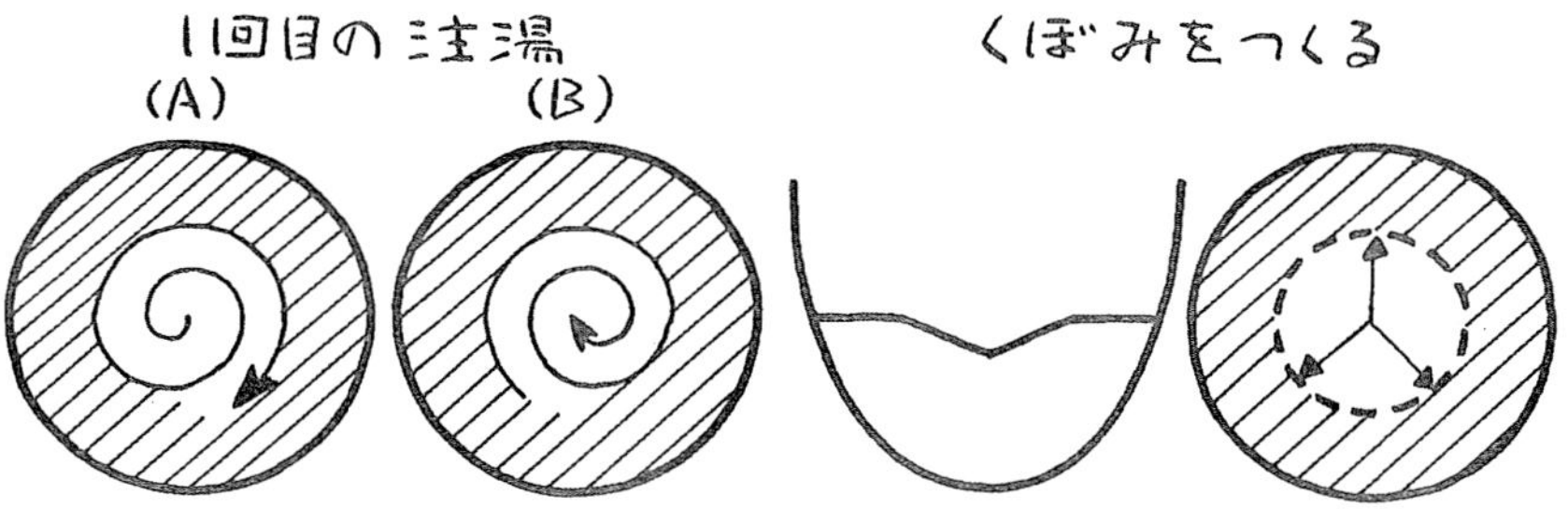

中心から「の」の字をかいてうずまき状に外へむかう(A)。くぼみのふちへ達したら、うずまき状に内側へ湯を注ぎ、中心にもどって終了(B)。くぼみの外(斜線)には湯を注がない。

スプーンで、中心からかきよせるようにして、くぼみをつくる。

必ず、うずまき状に注ぐようにする。

また、注湯は計四回行うが、注湯を終えるごとに、ポットを火にかけないようにする。

つまり、ポットの湯温は、自然に下がっていくままにする。というのは、こし袋内の温度は、注ぐ湯の温度に近づいてくるので、湯を注ぐたびに熱くしていると、こし袋内の温度が上がりすぎる。これは、渋味やえぐ味のでる原因になるのである。

均一な抽出をするために

抽出液は、ネルの先端から一本の筋になって落ちるが、その液が、均一に抽出されたかどうかが重要な問題である。

つまり、こし袋の中で、湯と粉の接触する距離、時間がまったく同じであることが必要になってくる。そうすることで、均一なコーヒー液が得られる。

湯と粉の接触距離、時間がまちまちであれば、ある部分からは濃い液がでて、ある部分

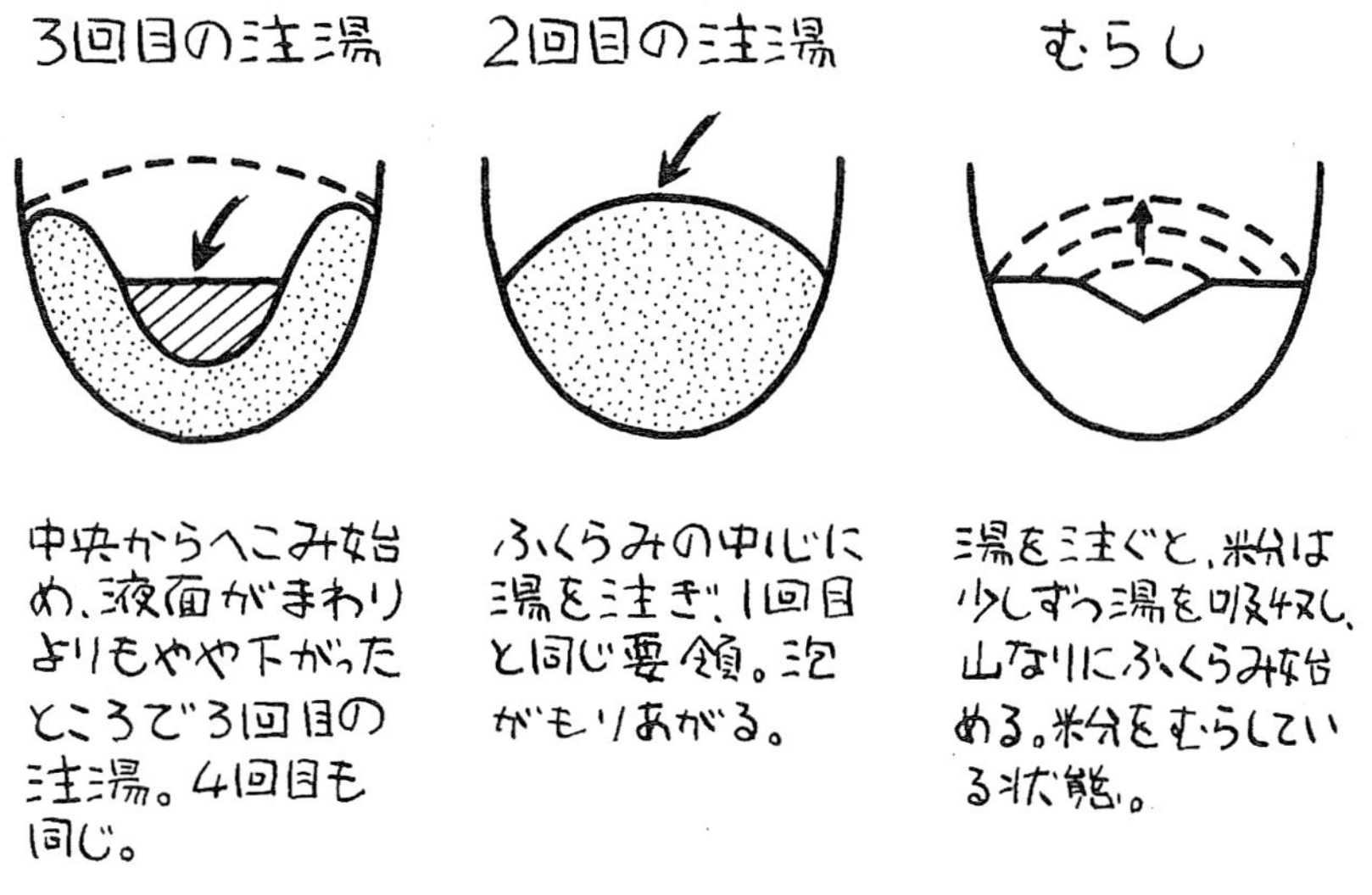

むらし
湯を注ぐと、粉は少しずつ湯を吸収し、山なりにふくらみ始める。粉をむらしている状態。
2回目の注湯
ふくらみの中心に湯を注ぎ、1回目と同じ要領。泡がもりあがる。
3回目の注湯
中央からへこみ始め、液面がまわりよりもやや下がったところで3回目の注湯。4回目も同じ。

からは薄い液がでる。結局それらがまざりあった形でビーカーに落ちてくることになる。これでは、そのつど違う味になるばかりではなく、決しておいしいコーヒーにはならない。

要は、こし袋の中で、粉がどのようになっていればよいかということである。

均一に抽出されるためには、こし袋の中で、粉がネルの放物線の形にそって層をなし、それは、左右対称、すなわち同じ厚さになっていればよい。そうすれば、ネルのどの点から抽出された液も、粉と湯の接触距離、時間が同じであるから、抽出液は、常に均一といえる。

したがって、この層（壁）をこわさないように注湯しなければならない。初めにくぼみの外へ湯を注がないのは、この壁をつくるためであり、その後も、この部分へ湯を注がないのは、その壁をこわさないためである。

そうしてできあがったコーヒー液は、ビー

こし袋の中

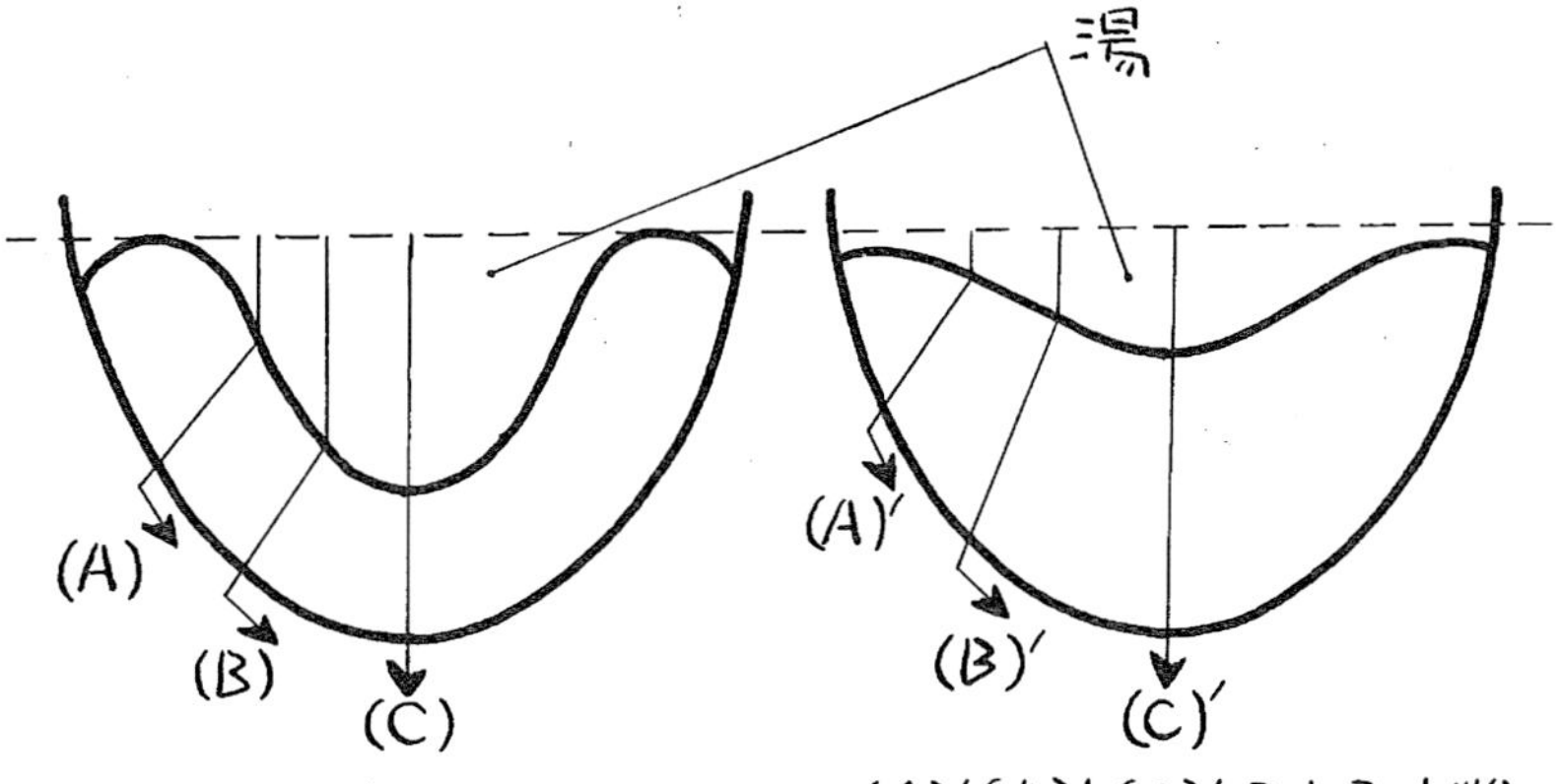

(A)(B)(C)ともに、粉と湯の接触距離、時間が同じなので、均一なコーヒー液が得られる。

(A)′(B)′(C)′それぞれ粉と湯の接触距離、時間が異なるので、均一なコーヒー液が得られない。

カーの底をふいてから火にかける。泡が消え、コトコトとビーカーが音をたてるまで温めてから飲んでいただきたい。しかし、決して沸騰させてはいけない。

●コーヒーの判定と飲み方

コーヒーは嗜好品であるから、自分がおいしいように飲めばよい。ただ、できたコーヒーがどのようなコーヒーであるかを判定することと、砂糖、クリームの使い方は、コーヒーをよりおいしく飲むためには大切なことだと思われるので、簡単に説明する。

コーヒーの透明度と濃度

スプーンをコーヒーの中に入れて、コーヒーの表面の光沢や色を見るのが、コーヒーの透明度、濃度を見る一つの方法である。

コーヒーは、よく澄んでいるのがよい。濁っているコーヒーはよくないコーヒーである。

濃い薄いと、濁りは別のものである。濁る原因としては、①欠点豆の混入、②焙煎の不良、③豆、粉が古い、④抽出過多（高温抽出、長時間抽出、乱雑な注湯）、があげられる。

よいコーヒーは、時間がたっても決して濁らず、カップにスプーンを沈めた時に、きらきらスプーンの光を反射する。そして、スプーンでコーヒーをすくって数滴落としてみると、落ちた瞬間、宝石のような珠となって表面を走る。そのようなコーヒーが、艶のある、透明度のよいコーヒーといえる。

スプーンをコーヒーに沈めた時に、どのあたりで見えなくなるかで、コーヒーの濃度が判断できる。濃いコーヒーであれば、コーヒー液の半分くらいまで沈めたところで見えなくなる。淡いアメリカンコーヒーであれば、カップの底までつけても見える。濁ったコーヒーは、スプーンを沈めても見えにくい。コーヒー液の色を見るには、内側の白いカップに注ぐとよい。

コーヒーの濃度と砂糖

この濃いか淡いかによって、砂糖を入れる量が異なると思っていただきたい。

淡いコーヒーは、味も淡白で、砂糖をたくさん入れると、コーヒーのほうが負けてしまうことがある。つまり、コーヒーの味ではなく、砂糖の味を飲んでいることになる。

砂糖を入れるのは、コーヒーを甘くするためではなく、コーヒー自身の持っているごくわずかな甘味を引き出すためである。そして、コーヒーの持っている様々な味を中和させるためである。つまりは、最後の味の微調整であるから、砂糖の入れ方には、相当慎重に留意する必要がある。

すぐに、二、三杯無造作に砂糖を放り込むのではなくて、コーヒーの苦さ、濃さに合わせて砂糖を入れて味付けをしていくほうが、おいしく味わえると思う。

例をいえば、ブラックで一口味わってから、好みの味にするために少量の砂糖を入れ、また味わうという具合である。

もちろん、これについては、まったく本人の自由である。砂糖を入れなくともよい。ただ、ほんの二グラム程度入れたほうが、入れないよりもいいと思う。

クリーム

クリームについても、入れ方は砂糖と同じである。コーヒーの濃さに合わせて、入れる量を決めて、好みの味をつくればよい。いったんスプーンにとって、それからコーヒーに入れるようにすれば、入れすぎない。

砂糖、クリームの両方入れる時は、砂糖を入れてよくかきまぜてから、ミルクを入れるとよい。

ただかきまわしても、砂糖とコーヒーのまざり具合はあまりよくない。底に沈んだ砂糖を上のほうへ持ち上げるようにしてかきまぜるとはやくとける。

クリームも、多く入れるとクリームの味が勝り、クリームの味で飲む結果になる。砂糖と同様に、慎重に入れるようにしたい。

砂糖とクリームを入れることによって、コーヒーの味は変わる。その味の変化を楽しむこともできるし、適量を入れることで、コーヒーと砂糖とクリームの絶妙の調和を楽しむこともできる。これも、コーヒーの魅力である。

コーヒーを飲む温度

落語家の故・林家彦六氏は、大変なコーヒー好きで、カップの底に残った最後の一口を大切にして、「この一口が、実にうまい」といったという話をきいたことがある。

まさに、その通りである。最後の一滴は、コーヒーの苦味、砂糖の甘味がまざりあい、こくが深くなって香ばしい。ねばり気もでてきて、これが、大変においしいのである。

コーヒーは、熱いうちに、あわてて飲みほさなくていい。むしろ、熱すぎると、味がわかりにくく、適度に冷めたほうが、味はよくわかる。では、何度のコーヒーが一番おいしく味わえるかというと、それは個人差もあるし、他の要素もあってここではいえない。しかし、それを個人でさがしていくことも、コーヒーを味わううえで大切なことだと思われる。

●鎌田幸雄

抽出(2)――ペーパー・ドリップ

抽出の考え方は、基本的にはネル・ドリップと同じである。ペーパー内に粉を入れ、湯を数回に分けてドリップさせる透過法である。

●焙煎とグラインド

焙煎が深くなるほど豆は膨張するので、粉にした場合でも量が多い(深煎りは、中煎りの一・二倍の量になる)。そして、深く煎るほど乾燥するので、粉は軽くなり湯の吸収力がはやくなり、成分がでやすい。つまり、苦味・渋味がでやすい。

そこで、深煎りの粉(フレンチ以上)を使う時は、荒挽きにして、かつ注湯をはやくすると、抽出がはやめられ、柔らかい苦味が得られる。

細挽きの粉を用いると、吸収力がよすぎて、濾過スピードが遅くなり、注湯をゆっくり行

●ペーパー・ドリップの特徴

コーヒーを濾す時に用いるフィルターには、布(ネル)、ペーパー、ナイロンメッシュなどがあるが、ペーパーの場合、使いすての「簡便性」とそのつど新しいペーパーを使う「清潔さ」の二つのよさがある。

ブイヨンを濾す時にヒントを得たというネル・ドリップは、ヨーロッパで生まれたが、やがて手間のかからないペーパー・ドリップが考案され、現在広く定着している。ただし、ペーパー・ドリップでは、少人数分(一人分~三人分)をいれる場合はスムースに濾されるが、多人数分の場合には目づまりをおこし、時間がかかりすぎるきらいがある。これは、煮出しコーヒー(ボイリング式)を濾過するために用いた時も同様である。

うと、やはり時間がかかるので、抽出オーバーとなって、いやな苦味・渋味がでる。

一方、中煎りの粉（ミディアムからフルシティ）を使う時は、中挽きにして、注湯をゆっくり行い、濾過器内で充分に湯を粉に吸収させ、成分を抽出する。

荒挽きの粉を用いると、充分吸収しないうちに濾過してしまい、こくのある味がでない。注湯をはやくした場合も同様である。

つまり、深煎りの粉は、荒挽きにして、すばやくサラリと注湯を行い、中煎りの粉は、中挽きにして、ゆっくり注湯するという原則を知っておきたい。

●必要な器具

ポットは容量が一リットルぐらいのもので、口先が細く、湯を少量ずつ注ぐことができるものがよい。材質は、ほうろう引きかステンレス。やかんは口先が太く不向き。砂時計は

抽出時間を計る時に便利。プレートウォーマーがあれば、その上にコーヒーサーバー（ビーカー）をのせて抽出を行うと、温度低下が防げる。小さなポットをガスコンロにのせる場合、金網を用意すると、ポットが倒れない。

●注湯を始めるまで

コーヒーサーバーに濾過器をのせ、湯を通して温める。湯をすてたあとは、濾過器はふかない。ペーパーの底を折り、次に側面圧着部分を反対側に折って、濾過器に押さえるようにして入れると密着する。

以前は、紙の質が悪く、粉に紙の匂いがつくからといって、匂い落としのためにあらかじめペーパーに湯を注いだが、今日では紙質がよいので問題はない。むしろ、たっぷり湯を通したペーパーに粉を入れると、粉がしめるために、一回目の注湯の時に湯をよく吸収しない。

抽出を始めるまで

ペーパーの底を折る。

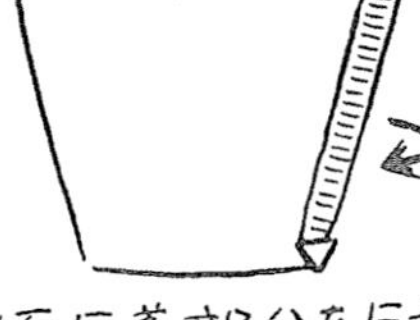

側面圧着部分を反対側へ折る。

濾過器とビーカーに湯を通して温める。

次に、ペーパーの中に定量の粉（一人分一二～三グラム。三人分以上は一人あたり一一グラム）を入れ、平らな状態にする。この時、決して粉を押さえ込まないこと。新鮮な粉ほど湯の吸収力がよいから、粉をフワッとさせて平らにしておくと、一回目の注湯の時、湯が平均して放射状に浸み込むからである。コーヒーカップは、この段階で温めておくとよい。なお、なれないうちは、粉の中央に軽くくぼみをつけておくと、注湯の時に湯がよくのる。

●水温——適温と温度管理

湯は、カップ一杯分を一人分として計量する。必ず水から火にかけて、充分沸騰させる。そして、一回沸騰させたものだけを用いる。これは、コーヒーのみならず、緑茶にも紅茶にも該当するセオリーである。

水は、硬水をさけ軟水（水道水）を用い、

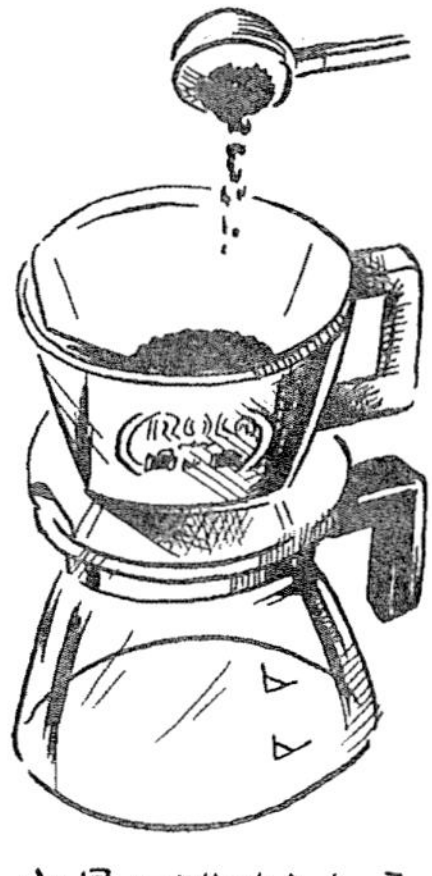

定量の粉を入れる。

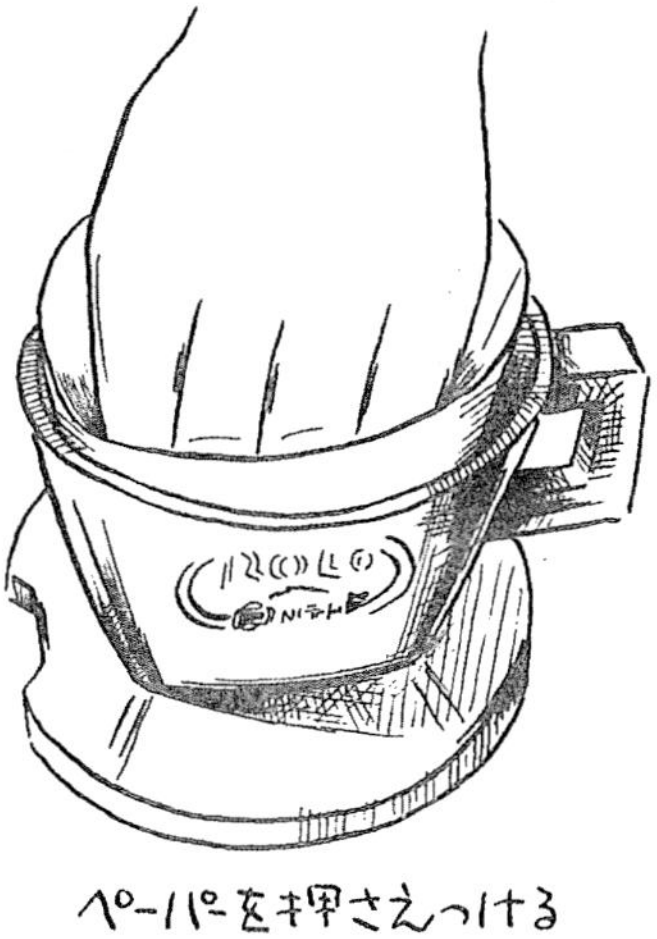

ペーパを押さえつけるようにして、濾過器へセット。

魔法瓶の中の湯は温度が下がっているので使わない。また、湯沸かし器の湯は銅管を通すので（硬水となる）むかない。

たえず火にかけて沸騰させていると、湯のおいしさがなくなる（湯の華が失われるという）ので、注湯の際に氷を一個入れるとよい（茶道の差し水、華を呼ぶという）。

注湯の適温は、中煎り九三〜四度、深煎り九五〜六度。沸騰直後の湯は、カフェインがいやな苦味となるし、湯が煮たぎっていて、ポットからふきだしてしまう。そこで、沸騰させた湯は、火からはずして、ふたを半開きにして約一〇〜二〇秒放置して湯を静める。

注湯したあとは、沸騰させないように弱火にのせて、温度が低下しないようにする。温度低下は、タンニン酸がいやな渋味となって抽出されるからである。

●湯の落とし方と味の加減

一回目の湯は、なるべくポットの先を粉に近づけて、静かに中央部へ細く落とす。注ぐというよりは、粉の上に湯をのせるような感じである。これは、中心に湯を落とすと、粉の表面に放射状に広まり、全体に湯を浸み込ませることが目的である。一回目の注湯の時にうずまき状に注ぐと、特になれないうちは、湯を多く注いでしまう。また、古い粉を用いたり、太く落とすと、粉全体に湯が浸み込まないうちに下に落ちてしまう。新鮮な粉を用い、湯は、あくまでも細く。古い粉の場合は、うずまき状に注湯して浸み込ませる。

一回目の注湯は「道をつくる」ことが目的である。つまり、全体に湯が浸み込んでいると、その後の注湯で湯が通りやすい。浸みていないところがあると、湯はそこをさけて通るようになる。

抽出手順

①

粉の中央に、湯を細くのせるように注ぐ。
湯は放射状に粉の表面に広がる。

②

湯を吸収した粉は、少しずつふくらみ始める。
表面が乾き割れてきたら、2回目の注湯。

③

2回目の注湯は、粉の中央に静かに湯を落とし、うずまき状に外へむかい、また内側へもどる。

④

コーヒー液が下へ落ち、ふくらみがへこんでくる。濾過器内の湯がなくならないうちに、3回目の注湯。以下同じ要領。

次に、時間をかけてむらすことで、二回目からの本格的な成分抽出にそなえるのである。

一回目の注湯量は、使用粉の一・五倍ぐらい。たとえば、五〇グラムだと、七五～八〇cc。もっとも、そのつど計る必要はない。目安は、湯が全体に浸み込むと、下へコーヒー液がポタポタと落ちるので、そこで注湯をストップする。すると粉は膨張し、約一〇～一五秒すると粉の表面が乾き割れてくるので、二回目の湯を注ぐ。この場合のこつは、スナップをきかせ、まず粉の中央に静かに湯を落とし、その時の湯の細さをくずさないように「うずまき状」に内側から外側、そして内側へと注湯する。手前にくると湯がきれるので、ポットを上下させると湯はきれない。

三回目の注湯は、濾過器内の湯がなくならないうちに、二回目と同じ要領で行う。四回目も同じで、だいたい四～五回に分けて行う。

湯の量の配分は、一回目と最後が少なく、中間を多くする。これは抽出濃度と関係があり、中間が濃くでるからである。そこで、二回目以降、うずまきの回数を決めて行うと、抽出度に合わせた配分量が決まる。たとえば、三人分の場合、二回目七回、三回目八回、四回目六回、五回目五回という具合。ただし、注湯する量と、濾過する量を一定させないと、回数を決めても意味がない。これをマスターすると、抽出時間のリズムが一定し、抽出の目安となる「泡の状態」が、そのつどコンスタントに変化し、味が一定する。

苦味・酸味、濃い・薄いという味の加減を抽出スピードだけで変えるということは難しいことで、それは、粉の量、焙煎の違い、ブレンドかストレートといった原料で調節しなければならない問題である。

●ふくらみと泡

粉の粒子は湯を吸収するが、この時豆の内

部に残っている炭酸ガスが抜けて、これがふくらみとなる。空気に触れた古い粉は、ガスが抜けていて、しかも湿気を帯びて重くなるのでふくらまない。つまり、粉がよくふくらむほど新鮮であるといえる。ふくらむと抽出スピードがはやいことを知っておく。

泡がでているうちは、味と香りがでている証拠である。二回目以降、湯を注ぐと、粉の粒子は湯を吸収し、開閉運動を繰り返す。粉のガスが抜け、湯と触れるために泡となる。注湯がすすむごとに泡の色は薄くなり、泡が白くなると抽出完了で、それ以上になると泡が消える。トルコでは泡のことを「コーヒーの顔」といい、大切にする。この顔の表情(泡の大小や色)をはやくつかみとることがこつである。

●注湯のやめぎわと完了後

前述したように、注湯完了は泡がなくなりかけた時で、この時までに定量の湯をドリップしておかなければならない。はやめに終了した場合は、泡の色は濃いし、遅い時は泡がないのに注湯していることになる。したがって、泡の色が薄くなってきたら、残っている定量の湯はややスピードをあげてドリップしたい。

この状態をブレンドとストレートでテストしてみるとよくわかる。すなわち、ブレンドコーヒーは何種類かの豆が入っているので力があり、泡はなかなか消えないが、ストレートコーヒーは、いずれの銘柄でもはやく泡がなくなるから、ストレートコーヒーの場合、注湯ははやめに行ったほうがよい。

適正な注湯を終えると、濾過器内はまわりの斜面と表面に泡を残した状態になり、しかも表面は平らになっている。不完全な場合、まわりに濃い泡と一緒に粉が多く付着している。時間がかかりすぎると、まわりに泡がな

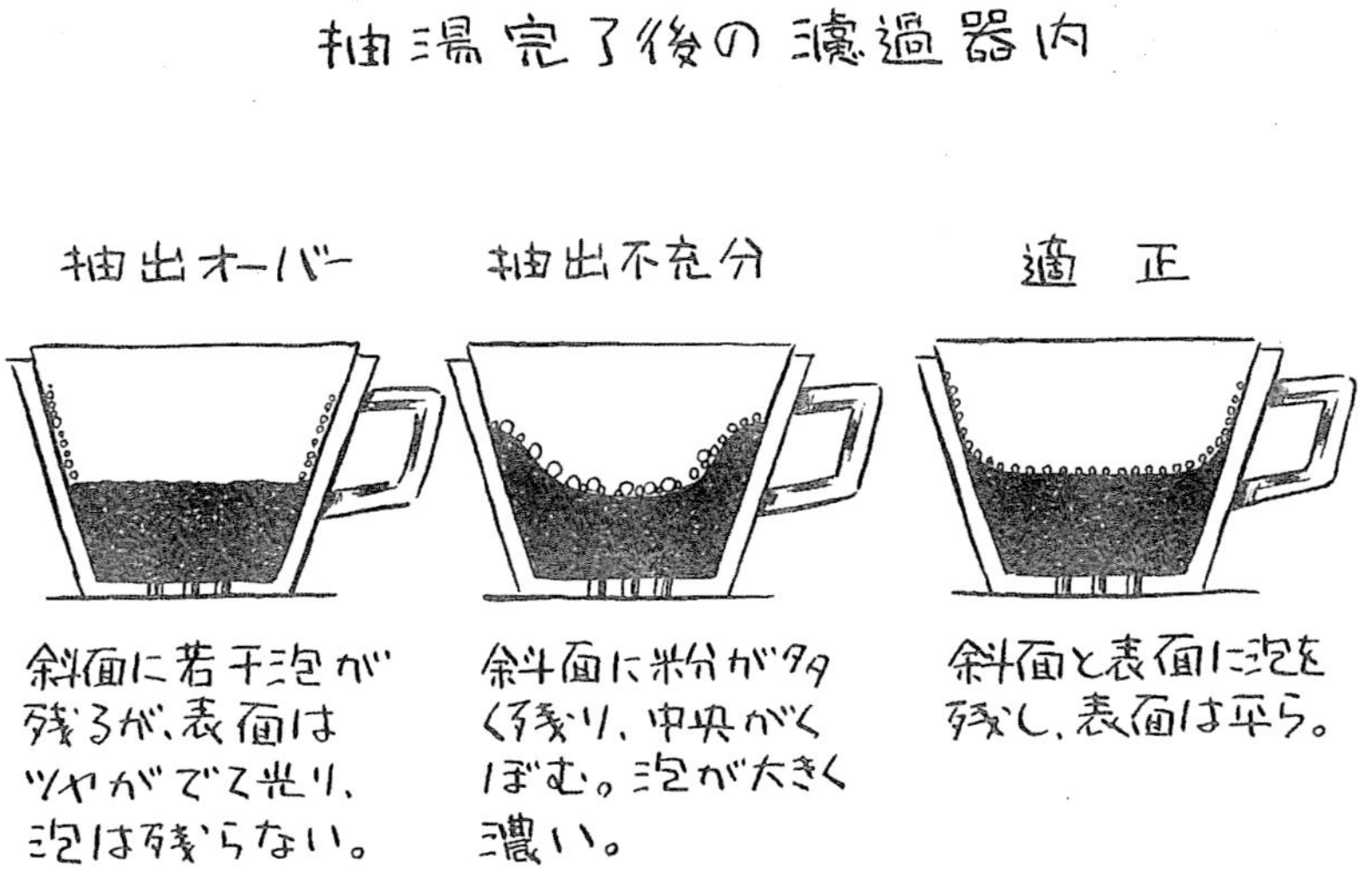
抽湯完了後の濾過器内
抽出オーバー
抽出不充分
適正
斜面に若干泡が残るが、表面はツヤがでて光り、泡は残らない。
斜面に粉が多く残り、中央がくぼむ。泡が大きく濃い。
斜面と表面に泡を残し、表面は平ら。

く、表面は微粉がでてツヤがでたように光っている。

●抽出時間

ドリップ式といえども、粉に湯を漬け、成分を抽出することに変わりはなく、緑茶、紅茶と同じである。常に同じ時間で抽出するのは難しいが、一分以上の誤差がでると、濃度が大幅に異なり、味に影響がでる。適正な抽出時間の目安として、一人～二人分が一分半～二分、三人～五人分が二分半～三分と示したい。何回も繰り返し、時間のプラス・マイナスの誤差が少なくなるほど、味が一定するということ。

抽出時間が長い場合、コーヒーはぬるくなるので温め直す必要がある。ぬるいコーヒーは香りが少なく、酸味が生臭く感じる。提供温度は八一～二度を保つようにする。

抽出時間が二分以上かかる場合（三人分以

上)、コーヒーサーバーを電気プレートにのせて抽出を行うとよい。また、カップが冷たくてもぬるくなるので、必ず温めておく。

●注意点

粉をフィルターにいれる際、フィルターに半分以上の余裕が必要である。湯を注ぐと粉がふくらむので、外にあふれる可能性があり、あふれないように少量ずつ注ぐと、時間がかかりすぎる結果になる。

また、直接フィルターに湯を注がない。粉にほとんど接触しないまま下に落ちて、水っぽくなる。

濾過器には、コーヒーの脂肪分やあくが付着するので、そのつど中性洗剤で洗ったり、クレンザーであくを落とし、よく湯ですすぐ。

●失敗の原因と対策

水っぽい　粉の量が足りない、粉砕が荒すぎる、あるいは、抽出時間が極端に短い場合、コーヒーが水っぽくなる。また、注湯量の「定量」を無視して、注湯する量が多すぎ、しかも抽出スピードがはやい場合、充分に成分を抽出しないままに、できあがり量に達する。この場合も同様である。

苦すぎる　焙煎度は別として、湯の温度が高すぎると苦味がですぎる。沸騰直後の湯は使わない。あるいは、抽出したコーヒーを温め直す際に沸騰させた場合も、苦味が強くでる。

こくがない　原料問題は別にして、一回目の注湯のあと、充分なむらしがなく、すぐ二回目の注湯を行うと、あっさりした味になる。あるいは、荒挽きの粉を使った時も同じ。

抽出(3)——サイフォン

●サイフォンの特徴

サイフォン式は、「真空濾過方式（コーヒーバキューム式）」といい、「静のドリップ」に対して「動のサイフォン」といわれる。

サイフォンは、動きがあって華やかであるし、なれると、時間のかけ方や湯と粉のほぐし方はマニュアル化でき、個人差があまりないので、味の均一化がはかれる。

しかし、ロート内で粉を湯に漬けるので、抽出後長く（一五～二〇分）おくと酸化しやすいのが欠点である。ドリップ式が清汁をとる（だしをとる）感じとすれば、サイフォンは紅茶をいれる感じだと思えばわかりやすい。

基本通り、フラスコの湯が沸騰してからロートを差し込まないと、「低温抽出」になることがある。これは、ロート内で温度が下がっているためである。あるいは、多人数分（一〇人以上）を抽出する場合、時間がかかるのが欠点。

●サイフォンに適した焙煎

焙煎は、中煎りがよい。ただ、サイフォンコーヒーは、よく「濁る」といわれることがあって、これは、特に初心者に多い。つまり、前述したような低温抽出になるためや、濾過時間が長びきぬるい状態でカップに入れるために濁るのである。これらを解消するためには、やや深煎りの粉を使うと、不慣れなために多少の不手際があってもコーヒーは濁りにくい。特に、ストレートコーヒーに用いてみたいものである。「こくのドリップ」に対し、「香りのサイフォン」といわれる。

●サイフォンに適したグラインド

　グラインドはやや細挽きがよい。サイフォンは、ロートに上昇した湯全部に粉を漬けるしくみになっている。ロート内で、へらで粉をほぐしてすばやく漬み込ませるから、正味三〇～四〇秒で味が決まる。そのために、細挽きにしないと味がでにくい。荒い粉を使うと、短時間では抽出しないため、必要以上にほぐす結果になり、泡がなくなり、抽出オーバーとなる。

●必要な器具と選び方

　通常サイフォンは、ロート、フラスコ、スタンド、フィルター、メジャースプーン、ランプがセットになって販売されている。ランプには燃料用アルコールを用いる。業務用であれば、ガスバーナー。フラスコは、丸い形をしているほうが、熱の対流がよい。ロート

必要な器具

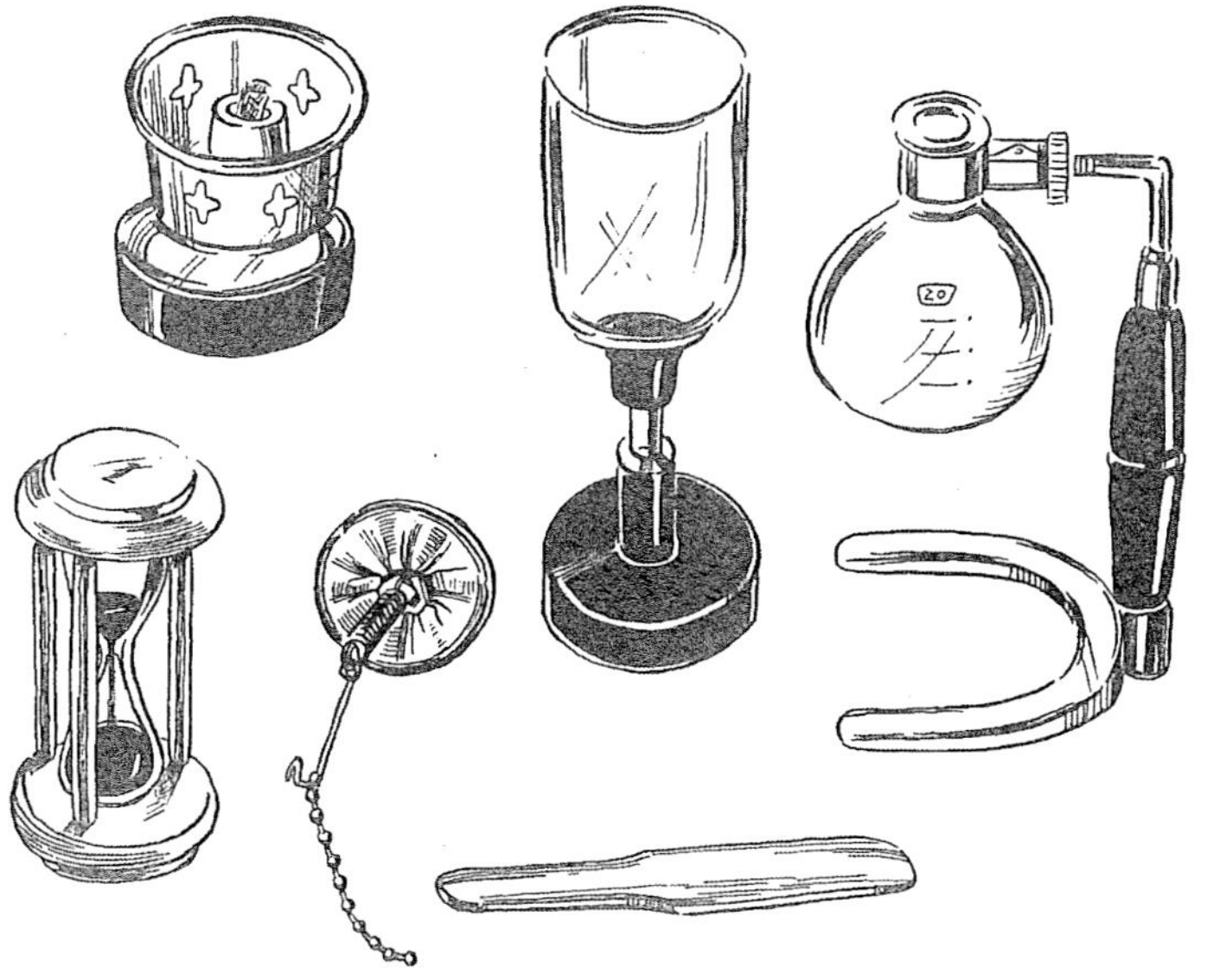

下部のパッキングは、きついほうがよい。粉と湯をほぐす材料として、竹べら、スプーンのほか、お点前に使う「茶筅《ちゃせん》」があると便利。時間の目安をつけるために、砂時計も用意したい。

●抽出を始めるまで

コーヒーカップは必ず温めておく。ゴムのパッキングに異常があるかどうか、フィルター（布と網板）とスプリングの点検をする。そのためにも、粉を入れないで、一度湯だけで行ってみるとよい。パッキングがゆるんでいると、フラスコ内が真空にならないので濾過が遅れる。スプリングがゆるいと、ロート内で粉と湯がおどる。このように、器具のテストをかねて、器具を温めてから抽出作業に入ると、スムースに行うことができる。

●抽出手順

フラスコの目盛は目安であるから、あらかじめカップすりきり一杯分の水で計量しておく（濾されると、カップ八分めとなる）。フラスコには、必ず沸騰した湯を入れて火にかける。火は、フラスコのまわりにでないように調節する。火が強いと、ロートへ上昇した時に湯がふきこぼれ、危険である。

ロートにフィルターをあて、粉（一人分一二～三グラム。二人分以上をたてる場合は、一人あたり一一グラム）を入れる。

フラスコの湯が沸騰したら火をはずし、ロートをねじるようにしてフラスコに差し込む。ゆるいと、蒸気もれをする。そして、再び火にかける。

ロート内に湯が上昇したら（フラスコには若干の湯が残る）、へらで上部を軽くほぐす。ほぐし約二〇秒放置して、もう一度ほぐす。ほぐしたらすぐに火をはずす。すると、コーヒーがフラスコへ濾過される。スムースに落ちてこない時は、冷たいぬれタオルでフラスコの底をふくとよい。

ほぐす回数は、人数分に関係なく、一回目七、八回、二回目五、六回。湯がロートに上昇してから、コーヒー液となってフラスコへ落ちるまでの時間（抽出時間）は、一～二人分が一分半～二分、三～五人分が二分半～三分。

●注　意　点

粉と湯をほぐす時は、ゆっくり長くではなく、すばやく短時間で行う。へらは、手首のスナップをきかせ、粉を底に沈めるような感じ。

応用として、からのロートをさしこみ、湯が全部上昇した時に粉を入れる方法がある。たてる量が多い時（三人分以上）は、湯がフラスコに上昇しきるまで時間がかかるが、ロート内に粉が入っていると、湯が上昇している間、ロート内で粉が湯に漬けられている時間が長くなり、味がですぎる危険性がある。それを解消することができる。

火力が強いと、ロートに上昇した湯がふきこぼれるが、この時、へらで底を押さえると安全。

●器具の手入れ、管理

フラスコがよごれた場合、クレンザーなどでみがかないこと。少しでも傷がつくと、破損する。中性洗剤で軽く洗うとよい。

フィルター（布）は、乾かさないこと。コーヒーの脂肪が付着しているので、酸化していやな匂いをだす。必ず水につけておく。

フィルター、網板のスプリング、ロート下部のゴムのパッキングは、スペアを用意しておきたい。

抽出手順

①

沸騰した湯を
フラスコに入れる。

②

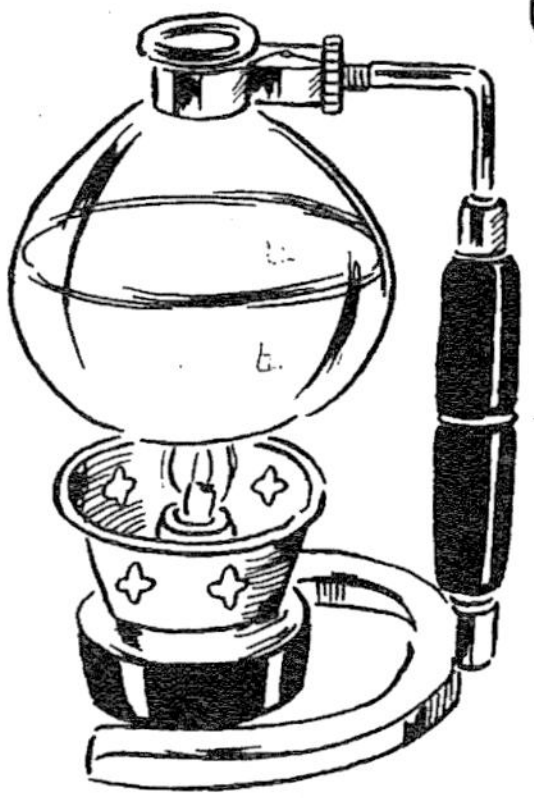

火にかけ沸騰させる。火は
フラスコのまわりにでないように。

③

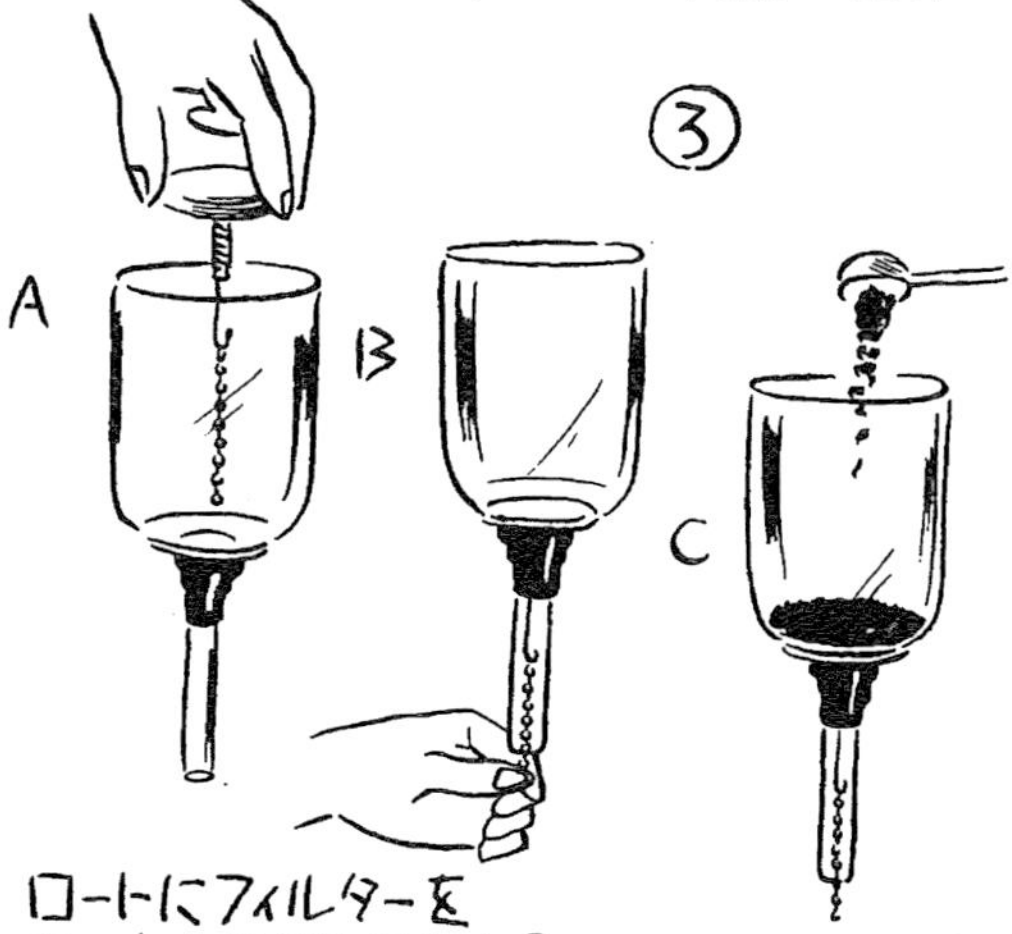

ロートにフィルターを
セットして粉を入れる。

④

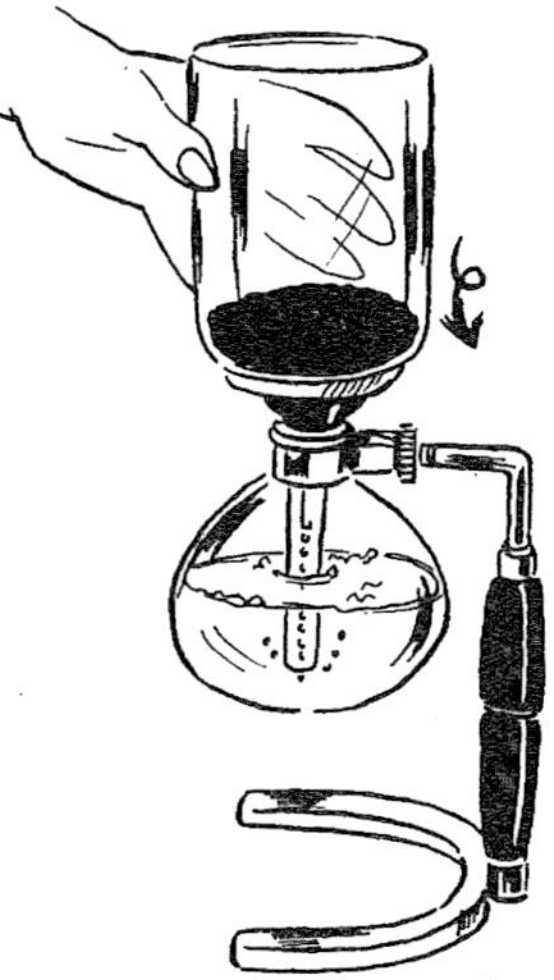

フラスコの湯が沸騰したら、火を
はずし、ロートをねじこむようにフラスコ
にセット。

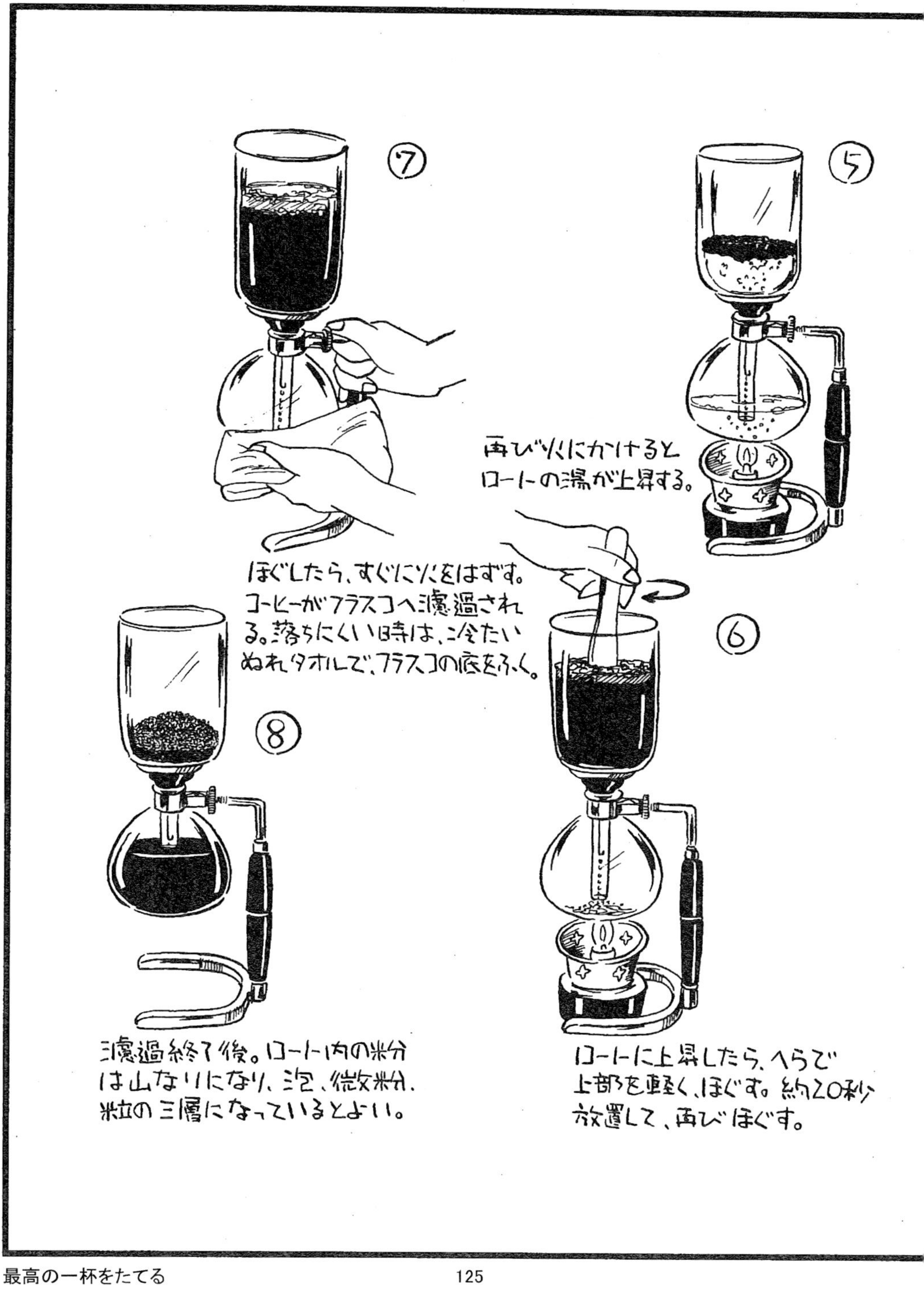
⑤
再び火にかけると
ロートの湯が上昇する。
⑥
ロートに上昇したら、へらで
上部を軽く、ほぐす。約20秒
放置して、再びほぐす。
⑦
ほぐしたら、すぐに火をはずす。
コーヒーがフラスコへ濾過され
る。落ちにくい時は、冷たい
ぬれタオルで、フラスコの底をふく。
⑧
濾過終了後。ロート内の粉
は山なりになり、泡、微粉、
粒の三層になっているとよい。

●失敗の原因と対策

薄い（抽出不足）

ほぐし方が足りない。一回目のほぐしは、軽くまぜ、二〇秒ぐらい放置すると、大きな泡が表面にでてくる。次に、二回目のほぐしをすばやく行う。二回目のほぐしで、充分な抽出が行われる。このほぐしが足りないと、抽出が終了したロート内の粉が平らになっている。

苦い（抽出オーバー）

時間のかけすぎと、ほぐしすぎた場合。その時の、抽出終了後のロート内には、泡がなく、微粉が表面にでて光っている。抽出終了後のロート内の粉は、山の形になり、横から見ると、泡、微粉、粒、の三層になっているのがよい。泡の色は、抽出濃度を意味している。

えぐ味・渋味

原料問題は別として、荒挽きの粉を用いたり、フラスコの湯が沸騰しないうちにロートを差し込んだりすると、充分な味がでない。このような場合、粉をあとから加え、充分にほぐすと解消する。

●柄沢和雄

第二章

コーヒーメニュー

アメリカンコーヒー

あの広大な土地、そして人種のるつぼアメリカでは、一般的にはアメリカンコーヒーというメニューはない。しかし、少数民族によってささえられている地域のカフェへ入ると、メニューに「アメリカンコーヒー」と表示されているからおもしろい。例をあげると、イタリア系アメリカ人の経営するカフェでは、エスプレッソとカプチーノがスタンダードなメニューであるが、それとともに、「アメリカンコーヒー」がある。ニューヨークのリトルイタリー地区や、サンフランシスコのノースビーチ地区などが代表的である。

アメリカは、ヨーロッパ諸国にくらべて建国歴史は新しいが、コーヒーの飲用歴史にはほとんど差はない。一七世紀の末期にボストンやニューヨークにコーヒーハウスができ、東部では一七三〇～四〇年代に大衆へ広まった。これは、ヨーロッパに遅れること二〇～三〇年のことで、各国からの移民者がコーヒーの飲用習慣を持ち込んだのである。

建国時は、アングロサクソン系の移民者が多く、彼らは茶を好んでいたが、ボストン茶会事件（一七七三年）をきっかけに、コーヒーを飲むようになった。そして、一九世紀以降、ラテンアメリカにコーヒーが栽培されるようになると、拍車がかかった。

彼らの生活にはコーヒーはなくてはならないものとして、その消費量は群を抜いた。一〇〇年以上かかって東部から西部へ開拓していく中でも、コーヒーは、彼らには必要なものであった。カップを持っていても、いつでもピストルを抜けるように片手をあけている習慣があったので、コーヒーには皿などいらなかった。

東部のコーヒーが典型的なアメリカンコーヒーで、中米のアラビカ種を使い、ややハイローストにする。初めてニューヨークへ行った人は、思いのほかコーヒーが濃いのでびっくりする。ところが、西部ではローストが浅く、ロブスタ種が混入されているので、いやな匂いがする。

日本では、勘違いしてアメリカンロースト（ミディアム）を使用するので、こくのない味になっている。また、コーヒーをお湯で薄めてアメリカンとするのをいやがる人が多いようだが、ヨーロッパやラテンアメリカでは、アメリカンといえばお湯を持ってくる。アメリカ人観光客は、特にホテルではお湯を要求して薄めて飲んでいる。濃ければお湯で薄めるのが当然というのがアメリカ人とイギリス人。フランス人とイタリア人は、牛乳で薄める。

●本格的な作り方

ブレンド例（さっぱりとした苦味）

ブラジル・サントスNo.2	やや深煎り	40%
コロンビア・スプレモ	中煎り	30%
メキシコ・プリアラバド	中煎り	20%
グアテマラ・SHB	やや深煎り	10%

粉砕は、荒挽き。一人分一二～三グラム。

できあがり一五〇～六〇cc。ペーパー・ドリップで時間をかけないで抽出すると、あっさりとした味になる。

アイスコーヒー

真夏の日本へ来た外国人がアイスコーヒーを飲むと、「こんなにおいしい冷たいコーヒーは初めてだ」といい、日本人にしても、「外国のアイスコーヒーはまずくてとても飲めない」「欧米人はアイスコーヒーは飲みません。店に入って注文してもないのだから」というようにいわれることがあって、アイスコーヒーは日本が一番と思われているふしがある。半分は本当だが、半分は勘違いをしている。欧米人とて、暑い時は冷たいコーヒーを飲む。ただし、彼らが飲むのは「コールドコーヒー」といって、日本のように粉をホットコーヒーの時と区別したりはしないし、単に冷やして、グラスに氷も入れずに飲む。これは、コーラやジュースの時も同じで、氷を入れると水っぽくなるので、それをきらうのである。ただ、氷を入れてくれというと応じてくれる。アイスコーヒー用に濃くはつくってないので、当然薄くなる。これを日本人が飲めば物足りないはずであろう。また、夏以外は扱わないので、その時期に外国へ行った人は、ホットコーヒーしかないように思う。

アイスコーヒーは、正式には「アイストコーヒー」という。「アイスド」ではない。冷たいコーヒーの起こりは、一九世紀末頃の北アフリカのアルジェリアに求めることができる。ここで、フランス人がコーヒーを冷たくして甘味と酒を加えて飲んだといわれる「カフェ・マサグラン」が、冷たいコーヒーの始まりである。ただ、日本的なアイスコーヒーは、むしろブラジルやインドネシアで飲まれていた方法が取り入れられたと考える。昭和時代の初めである。日本の夏は湿度が高くむし暑い。インドネシアやブラジルと夏の気候が似ているので、それが関係していると思われる。

日本人は濁ったアイスコーヒーをいやがる。焙煎を深くすると、濁りにくいばかりかほろ苦さもあって、日本人向きといえよう。時間がたつと香りは失われるが、抽出後すぐに冷たくして飲むと、芳しい香りがただよう。

●本格的な作り方

ブレンド例（香りがよく、こくのある味）
ブラジル・サントスNo.2　深煎り　50％
コロンビア・エキセルソ　深煎り　30％
ジャワ・ロブスタＷＩＢ　やや深煎り20％
粉砕は、中挽き。一人分一二～一三グラム。できあがり六〇～七〇cc。
ゆっくりていねいに濃厚なコーヒーを抽出し、一人分六〇～七〇グラムの氷を入れて冷却する。この方法は、香りが失われないうちに急速に冷やすので、鮮度がある。
氷一二〇～一三〇グラムをコーヒーに注ぎ、シロップを添える。シロップは、グラニュー糖一キログラムに対し、水六〇〇～六五〇ccの割合でミキサーにかける。しばらくすると透明になる。アイスコーヒーの保存は、ふたをして冷蔵庫へ入れておくと、一日ぐらいは味は変化しない。

カフェ・オ・レ

今では、コーヒーにミルクやクリームを入れて飲む習慣は、全世界にいきわたっている。

コーヒーに初めてミルクを入れたのは、一六六〇年中国滞在中のオランダ人といわれる。この頃から、すでにイスラム文化圏では羊の乳を茶に入れて飲んでいたし、トルコのイスタンブールでもコーヒーに砂糖やミルクを用いるようになったが、本格的にコーヒーにミルクを入れて飲むようになったのは、一六八五年以降フランスにおいてである。

一八世紀中頃には、コーヒーはヨーロッパ中の大衆に定着した。この頃は、トルコ式にコーヒーを煮出し、スパイスを入れたりしていたが、フランスでは、酪農の発達が乳製品の普及となり、ミルクを加えるようになった。

一九世紀末頃には植民地アフリカからコーヒーが入り、これにチコリ（キクニガナの根を乾燥させて炒ったもの。苦味とコーヒー色がでる）を入れて飲む習慣ができた。しかし、朝の濃いコーヒーは胃の負担を重くするので、ミルクを加えて飲んだ。また、泡立ったミルクは、チコリの匂いを消すことにもなった。

このようにして、フランスではモーニングコーヒーにカフェ・オ・レがすっかり定着したが、午後はあまり飲まず、エクスプレス（エスプレッソ）や酒を入れたコーヒーを飲む。現代のカフェでは、カフェ・オ・レとはいわず「カフェ・クレーム」といい、ミルクを泡立ててクリーム状にする。そして、プティットタッス（小カップ）かグランドタッス（大カップ）を注文することになる。エクスプレスを大カップで注文することもある。

フランスでは古くからの習慣で、カップコーヒーは「カフェ・レ」、ポットコーヒーは

「カフェ・オ・レ」として区別する。つまり、カフェ・オ・レとは、上流階級の家庭で、ポットに入れたコーヒーとミルクを別々に用意して、カップの上から静かに注いだものをいう。カップからはなして落差をつけて注ぐのは、ワインと同じで、空気にさらすことでコーヒーの口当たりが柔らかくなるためと、ミルクが泡立つので、これが、ロブスタ種の匂い消しにもなるからである。フランスのコーヒーは、かつての植民地アフリカから無税で安いロブスタ種を多く輸入していて、上等ではない。ミルクを入れるのは、このような事情もあるのである。しかし、カップの上からゆっくりコーヒーとミルクを注ぐしぐさはいいものである。ただし、カフェでは、今やこのような光景は見られない。

●本格的な作り方

ブレンド例（苦味が強く、香り高い）

ケニア・アラビカ　深煎り　50％
カメルーン・ロブスタ　・やや深煎り30％
マダガスカル・ロブスタ　深煎り　20％

粉砕は、中挽き。一人分一二～一三グラム。できあがり七〇cc。ミルク五〇ccを泡立てて加える。その上に、ホイップクリームを少量加えるとこくがでる。時間をかけて抽出し、濃くつくる。ミルクは手なべにいれて、ホイッパーで泡立てる。角砂糖を用意する。

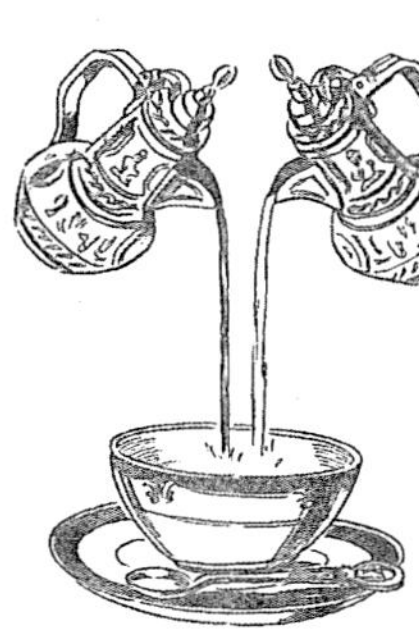

カフェ・ロワイヤル

名前を見ただけで、フランスで飲まれだしたと思われるであろう。

ナポレオン一世が、ロシア遠征を行った際に、ブランデーをコーヒーに入れて暖をとったのが始まりという説と、ナポレオン三世がパリのオペラ座脇のカフェ・ド・ラ・ペでブランデー入りのコーヒーを飲んだのが始まりなどの説があるが、ここでは、アメリカ発祥説をとりたい。すなわち、ルイジアナ州・ニューオリンズのフレンチクォーターのレストランに起源があるという説である。

ここには、フランス革命後、多くの貴族が亡命し、フレンチタウンを繁栄させた。一八世紀から一九世紀にかけてのことである。このレストランでは、料理のあと、フルーツやスパイス、ブランデーをコーヒーに加え、火をつけて燃やす「カフェ・ブリュロ」が飲まれたが、カフェ・ロワイヤルは、このカフェ・ブリュロを簡素化したものと考える。

現在でも、当地ではカフェ・ロワイヤルはニューオリンズ風だとしているし、フランスのレストランでもそのように表示している。しかし、いつのまにか、フランス王室用として世界に広まってしまった。

角砂糖にブランデーを注ぎ燃やすのは、アルコールをとばしてブランデーシュガーソース（ブリュロ）をつくるためである。火を点じたコーヒーを「カフェ・フランベ」ともいい、「カフェ・ディアブル」（悪魔のコーヒー）の名もある。フランベは、調理用語でブランデーを燃やしたという意味。英語ではフレイミングコーヒーという。いずれにしても、ディナー、あるいはパーティー用のコーヒーである。

酒を飲んだあとコーヒーを飲むと、酸性中和され酔いが覚める。また、コーヒーの中に酒を加えると体が暖まり悪酔いをしない。北欧では、コーヒーにラム酒を加えて「グロッグ」と呼び、寒い時によく飲む。イギリスやアイルランドでは、アイリッシュウィスキーをコーヒーに入れて飲む。こうした酒入りのコーヒーは「コルディアル」といって、気つけの飲み物、強壮剤として飲用されてきた。

●本格的な作り方

ブレンド例（香り高く、柔らかい苦味）

ブラジル中級品	中煎り	40％
ニカラグア・マラゴジペ	やや深煎り	30％
ケニア・アラビカ	中煎り	30％

粉砕は、中挽き。一人分一二～三グラム。できあがり一二〇cc。ブランデーはロワイヤルスプーンと一緒に四〇度ぐらいに温める。冷たいと火つきが悪い。

よく温めたカップに少量のグラニュー糖とブランデー一〇ccを入れ、コーヒーを注ぐ。ロワイヤルスプーンをカップにのせて、ブランデーを一〇cc注ぎ、角砂糖をスプーンにのせ、さらに上からブランデー五ccを注ぐ。部屋を暗くして火をつける。燃えつきたら、スプーンをコーヒーに入れ、まぜて飲む。

ウィンナーコーヒー

コーヒーの上にホイップクリームを浮かべたあの有名なウィンナーコーヒー。しかし、本場オーストリアのウィーンには、ウィンナーコーヒーというメニューはない。その代わり、日本人にはなじみの少ないメニューがたくさんあるので、カフェに入って「コーヒー！」と注文しても通じない。なんのコーヒーなのかをいわなければならないのである。ウィンナーコーヒーといえば、ウィーンのコーヒーメニューすべてを指すことになるが、多くのメニューの中の「アインシュペンナー」（二頭だての馬車）というのが、さしずめ日本的なウィンナーコーヒーといえよう。

音楽、そしてケーキの都ウィーンには、カフェ・コンデトライと呼ばれるケーキの店が多い。オペラ座脇のザッハホテルは、ケーキのザッハトルテの本家として有名であるが、ここのカフェ・ザッハで、イタリア人がコーヒーにホイップクリームをのせて売りだしたのが、アインシュペンナーの始まりという。一八八〇年頃のことである。ケーキに使うホイップクリームが、コーヒーにもよく合うことを人々は知り、やがて、ドイツ、フランス、イタリアへと広がっていった。

日本のウィンナーコーヒーは、いつの頃からかスプーンを添えないで飲まれているようだが、本場ウィーンでは水（オーストリアの水は軟水でおいしい）の入ったグラスの上にスプーンをのせて、コーヒーと一緒に小さな盆にのせてサーブされる。スプーンを使い、ホイップクリームに粉砂糖をふりかけてケーキ代わりに食べ、最後にコーヒ！を飲む。ただ、ロンドンでは、やはりホイップクリームを浮かべたアイリッシュコーヒーをスプーンを使わないで飲んでいるので、日本でスプーンを添えないのは、案外アイリッシュコーヒーと一緒にしてしまったのかもしれない。

ウィンナーコーヒーは、苦味の強いコーヒーと、冷たいホイップクリームの甘さとのコンビネーションが絶妙である。初めの半分は、まぜないように飲むと材料の特徴がわかる。残りの半分をまぜて飲むと、チョコレートのような味がするから不思議である。

各国でのウィンナーコーヒーを紹介すると、フランスでは「カフェ・ヴィエンノワ」と呼び、スプーンを使わない。イタリアは「カフェ・コン・パンナ」。ホイップクリームを小皿に添えてくる。アメリカでは「ヴィエンナコーヒー」と呼び、ホイップクリームをたっぷりとのせ、スプーンのほかに、ストローも添えてくるのでおもしろい。ドイツでは「カフェ・ミット・ザーネ」と呼びカップにつくるが、ウィーンではグラスにつくる。

●本格的な作り方

ブレンド例（柔らかい酸味と柔らかい苦味）

ケニアAA　中煎り　40％
コロンビア・エキセルソ　やや深煎り　30％
ブラジル中級品　やや深煎り　30％

粉砕は、中挽き。一人分一二～三グラム。できあがり一二〇cc。足つきグラスにコーヒーを入れ、ホイップクリームを三〇ccフロートする。粉砂糖と水を小盆にセット。

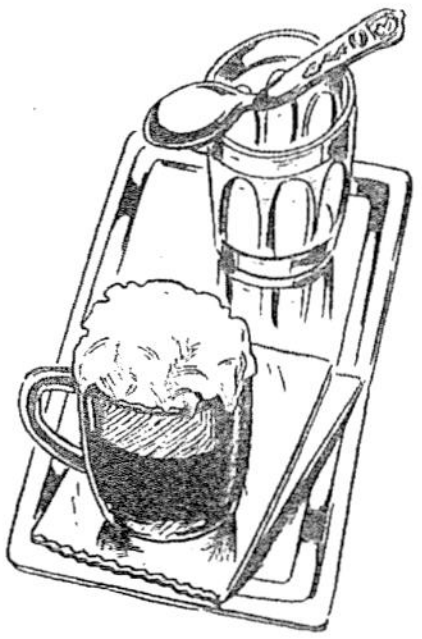

カフェ・カプチーノ

イタリアの代表的なコーヒーは、エスプレッソコーヒーとカプチーノコーヒーである。カプチーノとは、ローマカトリック教会の一派、カプチン修道僧のこと。

一九〇六年、ミラノで開かれた博覧会にエスプレッソマシーンが登場したが、その後、エスプレッソコーヒーに、スチーマーで牛乳を泡立てて加え、シナモン粉やチョコレート粉をふりかけてできたコーヒーが、カプチン僧の焦茶色の法衣と頭巾（カプッチョ）を連想させ、この名がついて世界に広まった。

イタリアでは、一七世紀にいちはやくコーヒーが伝播し、スパイスやフルーツやチョコレートを入れて飲んでいたが、各地で様々に材料を入れて楽しむようになった。南イタリアでは、レモンの皮をきざんで入れ、コーヒーも、最も濃い味を好む（日本のイタリアンローストの基準は、ナポリスタイル）。ベネチアでは、チョコレートやブランデーを加えた。北イタリアは、やや薄味で、シナモン粉を加えた。そして、これらのコーヒーに対し、それぞれ「カプチーノ〇〇」と名前がつけられた。たとえば、「カプチーノ・チョコラチーノ（チョコレート入り）」「カプチーノ・ナポリターノ（オレンジジュース入り）」「カプチーノ・ロマーノ（レモンの皮入り）」など。

ルネサンス期、中部イタリアで繁栄した名門ボルジア家の人々に親しまれたといわれる「カプチーノ・ボルジア」と「カプチーノ・ベネチア」をミックスしたものに、アメリカでは、さらにホイップクリームを加えて「カフエ・カプチーノ」と名づけ、イタリアの代表的なカプチーノとして評判をとった。日本のカプチーノは、このアメリカ式のカプチーノである。イタリア人がこれを見ると、これはカプチーノではないという。

大食漢、グルメという言葉は、イタリア人のためにあるようなものだ。彼らは、食事のあとコーヒーをよく飲む。バールと呼ぶ立ち飲み店で、ピッコロタッツァ（小カップ）のエスプレッソをぐっと飲みほす。つくるのもエスプレッソ（超特急）ならば、飲むのもエスプレッソ。すわって少しずつ飲むようなことは彼らはしない。

ラテン系の人々は濃いコーヒーを好む。特にイタリアがそうなのであるが、フランス人同様、朝のうちは牛乳を泡立ててコーヒーにまぜて飲む。つまりイタリア式カフェ・オ・レで、これを、カフェ・ラッテという。

●本格的な作り方

ブレンド例（こってりとした濃厚な苦味）

ホンジュラス中級品	深煎り	50％
インド中級品	深煎り	30％
ブラジル中級品	深煎り	20％

粉砕は、微粉。一人分六～七グラム。できあがり九〇cc。エスプレッソマシーンで抽出。カップにチョコレートシロップを入れ、コーヒーを注ぎ、ホイップクリーム二〇ccをフロート。その上にシナモン粉、レモンの皮をふりかけ、シナモンスティックをスプーン代わりに添え、これでまぜて飲む。

ターキッシュコーヒー

トルコのコーヒー飲用歴は七〇〇年である。ヨーロッパの三〇〇年にくらべてなんと長いことか。イスタンブールはアジアとヨーロッパのかけ橋で、コーヒーはトルコ商人によって北へ伝播した。多くの日本人にとって、ターキッシュコーヒー（トルコ風煮出しコーヒー）はなじみが少ない。それは、ヨーロッパへ伝播したターキッシュコーヒーは、彼らの方法で濾されたものに変わり、さらには、カップに取っ手をつけて飲むスタイルが日本へ入ってきたからである。

東洋文化に根づいた茶は、客に対するもてなしとして、儀式的な要素が今でも残っている。コーヒーもまた、トルコではもてなしとして古くから儀式的に行われてきた。その場合、イスとテーブルで行うのは現代的なスタイルであるが、本来は、床にあぐらをかき車座になる。そして、まずタバコのまわし飲み、次に菓子がでて、最後にコーヒーとなる。時には柄の長いポット、ジャズベ（イブリックともいう）に人数分をつくり、大きなカップに全部入れ、これをまわし飲みする。「もう一杯いかが！」と聞いて、「もうけっこうです」というのも作法。この光景は、日本のお点前と同じである。

実際には、まず生豆を選別することから始まる。次に焙煎、そして粉砕とすすむ。ジャズベの中にコーヒーの微粉と水を入れ、火にかける。沸騰直前に火からおろし、少し水を加え、これを二、三回繰り返す。泡が消えないように注意（泡をコーヒーの顔といい、泡のないコーヒーは料理下手とされる）して、カップへ粉ごと注ぐ。カップには取っ手がなくホルダーがつき、右手で持ち、左手は使わない。そして、上澄みをすするようにして飲む。二口目あたりから、チョコレートのような味がしてくる。ヨーロッパでも、極上のコーヒーを「最後の一口はチョコレートのようだ」と表現する。かつて秘薬として扱われてきたコーヒーは、商談に活用したり、友情の証としたりして、大衆化された。いずれにしても、コーヒーの時間になったら、できるまで二時間は待つ覚悟をしなくてはならない。

初期のヨーロッパは、トルコ式で飲んでいたが、現在でも、ウィーンには「トルキッシャー」というメニューがあるし、インドネシアやエチオピアではトルコ式で飲んでいる。中近東諸国にもトルコ式が残っているところがある。現代に息づく歴史の味といえよう。

●本格的な作り方

ブレンド例（とろりとした濃厚な苦味）

ブラジル中級品　やや深煎り50%

ジャワ・ロブスタＷＩＢ　やや深煎り50%

粉砕は、微粉。一人分七～八グラム。

粉と水（一人分一〇〇cc）と砂糖をジャズベに入れ、火にかける。沸騰寸前火からおろし、少量の水を入れ、再び火にかける。この時、ジャズベをゆさぶり泡が立つようにする。再び沸騰する寸前に弱火にして、しばらくしてからカップへ粉ごと注ぐ。砂糖は好みの量を入れるが、国によってはシナモンなどスパイスを加えるところもある。

●柄沢和雄

本書の刊行に当り、下記各社のご協賛を
いただきました。

株式会社フレッシュロースター珈琲問屋

（コーヒー焙煎豆、各種コーヒー商品扱い）
神奈川県川崎市川崎区桜本2-32-1 川崎SRC3階
TEL 044-270-1440　FAX 044-270-1447
ホームページ　http://www.tonya.co.jp

株式会社富士珈機

（焙煎機「DISCOVERY」他。ミル販売）
大阪市浪速区稲荷1-8-29
TEL 06-6568-0440　FAX 06-6568-0540
ホームページ　http://www.discovery-cafe.jp

株式会社大和屋珈琲

（木炭焙煎。世界の珈琲・日本のやきもの）
群馬県高崎市筑縄町59-8
TEL 027-370-2700　FAX 027-362-7034
ホームページ　http://www.yamato-ya.jp

著者紹介

星田宏司（ほしだ・ひろし）

1942年（昭和17年）、東京に生まれる。現在、株式会社いなほ書房代表取締役のかたわら、珈琲文化研究会を主宰。コーヒーの文化をテーマに、「珈琲豆本シリーズ」の出版、コーヒー文化に関する文献収集、執筆活動を中心に活躍。おもな著書に『日本最初の喫茶店』『黎明期における日本珈琲店史』などがある。

伊藤博（いとう・ひろし）

1930年（昭和5年）、愛知県に生まれる。日本熱帯農学会(筑波大学農林学系内）会員。約30年間にわたり、コーヒーの生産から消費に至るまでを、「コーヒーの科学」をテーマに、グローバルな視野で研究。講演・ゼミナール・執筆活動を中心に活躍した。おもな著書に『コーヒー小辞典』『珈琲探求』など多数。（故人）

鎌田幸雄（かまだ・ゆきお）

1935年（昭和10年）、奈良県に生まれる。現在、株式会社蘭館代表取締役。72年、大阪ホワイティウメダにて蘭館珈琲ハウスをオープンしていらい、自社工場において、焙煎、配合から提供までをすべて行っている。現在、百貨店「大丸、三越、近鉄、髙島屋」を中心に大型ショッピングセンター等で、16店の直営店を通して、月に15万人のお客さんに、苦味のコーヒーをネル・ドリップで提供している。

柄沢和雄（からさわ・かずお）

1936年（昭和11年）、東京に生まれる。77年ユナイテッドコーヒー研究所設立。日本喫茶学院主任講師、日本喫茶学院九州校講師、アカデミー喫茶学院（大阪）副院長を歴任し、全米コーヒー協会などの協力機関となるなど、幅広く活躍した。おもな著書に『コーヒー抽出技術』『喫茶・スナック技術講座』（全6巻）など多数。（故人）

珈琲、味をみがく

2019年10月 5日 第1刷

著 者 星田宏司／伊藤博／鎌田幸雄／柄沢和雄

発行者 星田宏司

発行所 株式会社 いなほ書房

〒169-0075 東京都新宿区高田馬場1-16-11

電 話 03(3209)7692

発売所 株式会社 星雲社

〒112-0005 東京都文京区水道1-3-30

電 話 03(3868)3275

乱丁・落丁本はお取り替えします

ISBN978-4-434-26550-1